技术联盟管理

信息技术与都市区商务服务业空间分布
——基于IT能力的视角

武 健 钱 昇/著

浙江省哲学社会科学重点研究基地
“浙江省信息化与经济社会发展研究中心”
浙江省高校人文社科重点研究基地
杭州电子科技大学“管理科学与工程”
浙江省自然科学基金青年项目：
“两化”技术融合的模式、路径与作用研究
浙江两化融合联合基金
“电子商务驱动的产业集群转型与竞争力提升研究”

资助出版

科 学 出 版 社
北 京

内 容 简 介

在我国城市广泛推进信息化和服务经济的背景下，本书研究信息技术发展对都市区商务服务业空间分布的影响，探求信息技术影响下，商务服务业在都市内空间分布出现的新趋势和新特点，为我国现阶段城市信息化和服务经济发展提供一定的理论探索和经验借鉴。

本书适合区域经济学、城市经济学、产业经济学相关领域的学者、研究人员或学生，以及对区域经济、城市经济、服务经济发展感兴趣的一般读者参考阅读。

图书在版编目（CIP）数据

信息技术与都市区商务服务业空间分布：基于 IT 能力的视角/武健，钱昇著. —北京：科学出版社，2015

（技术联盟管理论丛）

ISBN 978-7-03-045649-6

Ⅰ. ①信… Ⅱ. ①武… ②钱… Ⅲ. ①信息技术–影响–城市–服务业–产业结构–研究 Ⅳ. ①F719

中国版本图书馆 CIP 数据核字（2015）第 215485 号

责任编辑：魏如萍 / 责任校对：贾娜娜
责任印制：霍 兵 / 封面设计：无极书装

科学出版社 出版
北京东黄城根北街 16 号
邮政编码：100717
http：//www.sciencep.com
北京通州皇家印刷厂 印刷
科学出版社发行 各地新华书店经销
*
2016 年 3 月第 一 版 开本：720×1000 1/16
2016 年 3 月第一次印刷 印张：9
字数：186 000

定价：56.00 元

（如有印装质量问题，我社负责调换）

前　言

信息技术（information technology，IT）革命推动了全球经济从工业型经济向服务型经济的转变，服务业在经济结构中的比重越来越大，作用越来越重要。生产性服务业，尤其是商务服务业的发展，是城市提升能级、提高影响力和控制力的有效途径。IT 的广泛应用突破了传统的地理障碍，改变了地理空间格局，营造了新的空间逻辑。随着 IT 能力的不断提升，地理格局在发生变化的同时，产业的空间分布模式也会随之发生变化。当前，在我国城市广泛推进信息化和服务经济的背景下，研究 IT 能力对商务服务业空间分布的影响，对我国现阶段城市的发展有一定的理论和现实意义。

目前商务服务业空间分布的研究还未系统化、条理化，需对其空间分布分布模式、分布特征作进一步探讨。本书分析了 IT 对经济空间的重构，以及 IT 对企业空间分布的影响。总结影响商务服务业空间分布的 IT 因素，将之归纳为信息源、信息流和信息基础设施三方面。本书认为目前研究 IT 对企业空间分布的影响的主要着眼点局限于信息基础设施，视角比较狭窄，缺乏对 IT 能力如何影响商务服务业空间分布的研究。基于此，本书从城市和街区两个层面，考察信息源的信息集聚能力、信息流的信息辐射能力和信息基础设施的信息通达性对商务服务业空间分布的影响。

首先，基于新经济地理学、信息腹地理论、集聚理论等相关理论，分析三种 IT 能力影响商务服务业空间分布的机理。在引入影响商务服务业空间分布的其他区位因素（经济区位、本地市场、区位通达性、知识溢出、产业链和政府）的基础上构建 IT 能力影响商务服务业空间分布的理论模型。模型研究信息集聚能力、信息辐射能力和信息通达性三种 IT 能力对商务服务业空间分布的影响。

其次，从城市和街区两个层面考察信息集聚能力对商务服务业空间分布的影响。在相关研究成果的基础上对信息集聚能力进行界定。城市层面，以信息服务业从业人员衡量信息集聚能力，对我国城市的信息集聚能力进行描绘；对我国城市商务服务业空间分布进行描绘，考察空间分布特征；通过地理联系率的测算发现，商务服务业倾向于集聚在信息集聚能力较强的地区。街区层面，以上海市街区为空间单元，采用街区内的信息服务企业数量对街区的信息集聚能力进行测度；对上海市商务服务业样本进行地理属性统计，考察商务服务业在街区层面分布的微观特征；采用街区的信息服务企业数量和商务服务企业数量数据，检验街区商务服务业与信息服务业的地理联系率；通过负二项分布回归，实证检验信息集聚能力对商务服务业空间分布的影响，并考察信息集聚能力对不同类型商务服务业空间分布的影响的差异性。

再次，从城市和街区两个层面考察信息辐射能力对商务服务业空间分布的影响。基于流空间理论等对信息流的研究成果，界定信息辐射能力，总结信息辐射能力测算方法。城市层面采用超链接分析法刻画我国城市的信息辐射能力，分析基于信息辐射能力的中国城市等级体系，并实证分析城市信息辐射能力对商务服务业空间分布的影响。街区层面，采用超链接分析法对上海市街区的信息辐射能力进行测度；采用负二项分布模型，实证考量街区信息辐射能力对商务服务业空间分布的影响，并考察信息辐射能力对不同类型商务服务业空间分布的影响的差异性。

最后，从城市和街区两个层面考察信息通达性对商务服务业空间分布的影响。在信息区位研究文献的基础上对信息通达性进行界定，总结信息通达性的主要研究视角。城市层面，从我国互联网拓扑结构角度考量城市区位通达性，实证检验城市信息通达性对商务服务业空间分布的影响。街区层面，从城域网结构和街区信息基础设施建设两方面，对上海市街区的信息通达性进行评价；采用负二项分布模型，实证检验街区信息通达性对商务服务业空间分布的影响，并考察信息通达性对不同类型商务服务业空间分布的影响的差异性。

综上，本书对信息辐射能力、信息通达性、信息集聚能力三种IT能力影响商务服务业空间分布的机理进行分析，引入影响商务服务业空间分布的其他区位要素，构建IT能力影响商务服务业空间分布的理论模型。分别从城市和街区层面，实证考察信息辐射能力、信息通达性、信息集聚能力三种IT能力对商务服务业空间分布的影响。实证研究发现IT能力会强化商务服务业在空间分布上的集聚，这也驳斥了部分学者坚持的IT的发展会导致“距离的消亡”和“集聚经济的终结”的观点。但三种IT能力对不同类型商务服务业的影响有所不同。从企业所有制结构看，个体私营类商务服务企业的空间分布倾向于在信息辐射能力和信息集聚能力优势地区集聚，而国有外资类对信息通达性的要求较高。从企业业务类型看，管理咨询类商务服务企业空间分布有较强的信息集聚能力指向性，广告设计类趋向于接近信息辐射能力优势地区，而信息通达性对中介代理类的影响最大。从企业规模看，信息辐射能力和信息集聚能力对小型商务服务企业空间分布的影响最大，大型企业对信息通达性的要求较高。

武 健 钱 昇
2015年9月10日

目　录

第 1 章　概述 ……1

1.1　商务服务业的概念和特征 ……1

1.2　商务服务业的分类 ……2

1.3　商务服务业空间分布特征 ……3

1.3.1　宏观视角 ……3

1.3.2　中观视角 ……4

1.3.3　微观视角 ……5

第 2 章　商务服务业与现代都市发展 ……7

2.1　国际商务服务业发展趋势 ……7

2.1.1　与制造业相互融合趋势明显 ……7

2.1.2　企业趋向规模化 ……8

2.1.3　向大城市集中趋势 ……8

2.1.4　国际转移速度加快 ……9

2.2　商务服务业在都市中的作用 ……10

2.2.1　提升都市能级，完善高端服务功能 ……10

2.2.2　促进专业化分工，提高资源配置效率 ……12

2.2.3　提高劳动生产率，促进区域经济发展 ……13

2.2.4　优化经济产业结构，推动经济增长方式转变 ……13

2.2.5　发挥乘数效应，增强城市辐射能力 ……15

2.3　我国都市商务服务业发展现状、特点及问题 ……16

2.3.1　我国商务服务业发展现状 ……16

2.3.2　我国商务服务业特点 ……17

2.3.3　我国商务服务业存在的问题 ……17

第 3 章　IT 与商务服务业空间分布 ……19

3.1　IT 对经济空间的影响 ……19

3.1.1　IT 与信息空间 ……19

3.1.2　IT 对经济空间的重构 ……19

3.2　IT 对企业空间分布的影响研究 ……22

3.2.1　IT 与企业空间分散 ……22

3.2.2　IT 与企业空间集聚 ……23

3.2.3 折中观点 ……23
3.3 IT能力的界定 ……24
3.3.1 信息源的信息集聚能力 ……25
3.3.2 信息流的信息辐射能力 ……26
3.3.3 信息基础设施的信息通达性 ……27
第4章 信息时代商务服务业空间分布的影响因素 ……30
4.1 影响商务服务业空间分布的IT因素 ……30
4.1.1 信息源 ……31
4.1.2 信息流 ……31
4.1.3 信息基础设施 ……32
4.2 影响商务服务业空间分布的传统因素 ……33
4.2.1 经济水平 ……33
4.2.2 本地市场 ……34
4.2.3 区位通达性 ……36
4.2.4 知识溢出 ……36
4.2.5 产业链 ……37
4.2.6 政府区位 ……38
4.3 IT能力视角下商务服务业空间分布 ……39
4.3.1 IT与商务服务业模式变化 ……39
4.3.2 IT与商务服务业空间分布的新问题 ……44
4.3.3 IT能力影响商务服务业空间分布的理论模型 ……46
第5章 IT能力对商务服务业空间分布的影响机理 ……49
5.1 信息集聚能力的影响机理 ……49
5.1.1 信息源的信息集聚功能 ……49
5.1.2 经济空间的集聚与信息空间的集聚的差异 ……50
5.1.3 信息集聚能力与企业空间分布 ……50
5.2 信息辐射能力的影响机理 ……51
5.2.1 信息流的信息空间辐射功能 ……51
5.2.2 信息流产生信息腹地 ……52
5.2.3 信息辐射能力与企业分布 ……52
5.3 信息通达性的影响机理 ……53
5.3.1 信息基础设施的信息通达性 ……53
5.3.2 信息通达性降低通信成本 ……53
5.3.3 信息通达性与企业空间分布 ……60

第 6 章　信息集聚能力与商务服务业空间分布 ……62
6.1　信息是企业的重要无形资产……62
6.2　商务服务业倾向信息集聚能力较强的区位 ……62
6.3　信息集聚能力影响城市间商务服务业空间分布 ……65
6.3.1　城市信息集聚能力测度……65
6.3.2　城市层面的商务服务业空间分布 ……66
6.3.3　实证检验及分析……68
6.4　信息集聚能力影响城市内商务服务业空间分布 ……71
6.4.1　街区信息集聚能力测度……71
6.4.2　街区层面的商务服务业空间分布 ……73
6.4.3　实证检验及分析……80
6.5　实证结果讨论……86
第 7 章　信息辐射能力与商务服务业空间分布 ……87
7.1　信息辐射能力决定了全球城市等级……87
7.2　商务服务业倾向于集聚在信息流较强的大城市 ……87
7.3　信息辐射能力与城市间商务服务业空间分布 ……89
7.3.1　城市信息辐射能力的测度……89
7.3.2　城市信息辐射能力的分布特征 ……90
7.3.3　实证检验及分析……91
7.4　信息辐射能力与城市内商务服务业空间分布 ……93
7.4.1　街区信息辐射能力的测度……93
7.4.2　街区信息辐射能力的分布特征 ……94
7.4.3　实证检验与分析……95
7.5　实证结果讨论……97
第 8 章　信息通达性与商务服务业空间分布 ……99
8.1　光纤网络与群岛经济……99
8.2　信息通达性重构了城市空间位势……99
8.3　信息通达性与城市间商务服务业空间分布 ……101
8.3.1　城市信息通达性的评价……101
8.3.2　实证结果及分析……102
8.4　信息通达性与城市内商务服务业空间分布 ……104
8.4.1　街区信息通达性的评价……104
8.4.2　实证结果及分析……106
8.5　实证结果讨论……109

第9章　结论与展望 ……110
9.1　结论 ……110
9.2　不足与展望 ……112
参考文献 ……113
附录 ……125
附录A　《2010上海市基准地价修正体系》办公用地价格 ……125
附录B　《2010上海市综合客运交通枢纽布局规划》综合客运交通枢纽分类 ……127
附录C　东方社区信息苑名录 ……128
附录D　上海市开发区名录 ……131
附录E　上海市高校名录 ……133
附录F　中国互联网拓扑结构 ……134

第1章 概　　述

1.1 商务服务业的概念和特征

理论研究对商务服务业的定义还不统一，通常列举出商务服务业所包含的具体行业类型。世界贸易组织（World Trade Organization，WTO）中的商务服务业，又称“商业服务业”，是与WTO关于服务贸易12大类分类中的商业性服务相对应的一类服务产业。商务服务作为其中的一个大类，主要指在商业活动中涉及的服务交换活动，既包括个人消费的服务，也包括企业和政府消费的服务。

在《国民经济和社会发展第十一个五年规划纲要》中，商务服务业包括：法律服务、经济鉴证服务、专业化的工业设计、会展服务、投资与资产管理服务、咨询服务、广告业。

Drejer（2002）认为商务服务是专门解决企业在生产、组织和管理活动中的各种问题和各项任务的一系列活动，包括法律和技术服务、管理服务、市场服务、金融服务等。WTO 中的商务服务业主要指在商业活动中涉及的服务交换活动，既包括个人消费的服务，也包括企业和政府消费的服务。

魏江等（2007a）从服务生产方式维度出发，将知识密集型服务业分为金融业、信息与通信服务业、科技服务业和商务服务业四类。

Sundbo（1998）根据服务生产的标准化程度，将服务企业的生产方式分为“标准化”、“模块化”和“定制化”生产方式。

总体上看服务生产方式的标准化程度与其客户互动程度是并行的，商务服务业是知识密集型服务业中定制化程度最高的，同时也具有非常高的客户互动水平。商务服务业通常有以下几方面的特征。

（1）高知识性。商务服务业主要由具有专业特长和经验的人员组成，雇员中接受过高等教育或相应培训的比例通常较高。他们通过运用自身掌握的各类专业知识和经验，结合客户所面临的特定问题，创造性地构思出问题解决方案，满足客户的特定需求。商务服务企业的竞争力与知识型员工的个人知识和技能密不可分。从知识创新过程看，商务服务业提供的服务产品是知识密集型的，包含了大量的隐性知识，这些知识来源于它们与客户间的持续的知识互动过程（Antonelli，1999）。

（2）高定制化。商务服务业是知识密集型服务业中定制化程度最高的行业之一。商务服务业是高度顾客导向型的服务业，管理咨询、法律咨询、广告、会计咨询等都是针对不同客户具体情况提供定制化服务，服务提供商必须根据客户个性化、差异化的需求，为其提供高度个性化的知识定制服务和专业知识设计，服务过程中涉及大量的专门化创新。

（3）高互动性。强互动性是知识密集型服务业的最主要特征之一（Muller et al.，2001）。商务服务业作为定制化程度最高的一类知识密集型服务业，需要根据不同客户的差异化需求为其量身定制个性服务方案，服务过程中服务企业与客户之间必然需要保持频繁的信息沟通（李红，2005），由此服务企业才能够更清晰地理解客户的需求，为客户提供满意度更高的服务方案。

（4）高创新性。商务服务业具备高创新性特点，在创新过程中扮演着推动者、传播者和发起者等多重角色（Miles et al.，1995）。在为客户提供服务的同时，商务服务业自身必须不断创新，吸收新知识，学习新技术，创造出适合技术和生产发展新要求的知识应用模式，推动客户的创新和发展。魏江等（2007b）对知识密集型服务业的创新调查结果表明，商务服务业中发生创新的企业比例达76%，这一比例远远高于制造业和服务业的平均水平，反映出这类服务业的高创新性。

基于以上对商务服务业特征的分析，本书借鉴Drejer（2002）对商务服务业的定义，认为商务服务是专门解决企业在生产、组织和管理活动中的各种问题和各项任务的一系列活动，包括法律和技术服务、管理服务、市场服务、金融服务等。

1.2 商务服务业的分类

在相关研究中对商务服务业类型的划分，通常使用列举法列举出商务服务业所包含的具体行业类型。

WTO将商务服务业具体细分为：专业性（包括咨询）服务、计算机及相关服务、研究与开发服务、不动产服务、设备租赁服务、展览管理等其他服务。

李善同等（2002）认为，商务服务包括营销、广告与公关服务，建筑、科学与工程服务，法律服务，会计服务，计算机软件与信息处理服务，研发与技术服务，经营组织服务，人力资源发展服务。

浙江树人大学课题组（2007）将商务服务业分为以下三类：①专业服务，包括会计审计、税务、法律、广告策划、公证鉴定等；②咨询服务，包括管理咨询、人力资源信息、技术咨询、预测分析等；③中介服务，包括房产中介、职业中介、各类代理、经纪商等。

我国国家标准《国民经济行业分类及代码》（GB/T4754—2002）认为商务服务业包括：企业管理服务（企业管理机构、投资与资产管理、其他企业管理服务）、法律服务（律师及相关的法律服务、公证服务、其他法律服务）、咨询与调查（会计、审计及税务服务、市场调查、社会经济咨询、其他专业咨询）、广告业、知识产权服务、职业中介服务、市场管理、旅行社、其他商务服务（会议及展览服务、包装服务、保安服务、办公服务、其他未列明的商务服务）。

本书根据研究需要（将在第 4 章论述），从不同维度对商务服务业进行划分。根据企业不同的所有制结构类型，将商务服务业分为国有外资类、集体联营类和个体私营类；根据企业不同的业务类型，将商务服务业分为管理咨询类（包括企业管理、认证、法律、咨询、投融资、注册、培训、检测、保险、方案等）、广告设计类（包括广告、设计、会展、宣传、形象、包装等）和中介代理类（包括品牌、劳务、翻译、猎头、旅游、租赁、外包等）；根据企业规模大小，将商务服务业分为小型（注册资本在 10 万元以下，包括 10 万元）、中型（注册资本在 10 万～100 万元，包括 100 万元）和大型企业（注册资本在 100 万元以上）。

1.3　商务服务业空间分布特征

学者对商务服务业空间分布的研究主要从宏观、中观和微观三个层面展开。宏观层面关注的是商务服务业在一个国家内的分布特征，中观层面研究的焦点集中在“去中心化”的议题上，包括“去中心化”的原因、生产性服务业在中心外围区域的分布特征等。对商务服务业微观区位的研究比较少，主要集中在对不同商务服务业区位差异性的考察上。

1.3.1　宏观视角

从宏观层面，Bennett 等（1999）的研究表明，商务服务业在英国的分布表现出高度不均衡性，主要集中在为数不多的几个中心城区内，其不均衡程度要高于其他产业；商业服务企业较其他商业企业具有更强的聚集趋势；商业中心级别越高，公司则越区域化、集群化。Sassen（2001）从企业功能视角研究包括商务服务业在内的高端生产性服务业在全球空间内的分布，对纽约、东京、伦敦的生产性服务业的集聚特征做了实证分析，认为在全球化背景下，生产性服务业，特别是金融、会计、广告、咨询等高等级的生产性服务业，会高度集聚在为数不多的几个全球城市内。她认为全球化所导致的经济活动分散化使得强化中心控制与管理功能的必要性大大增加，由此，承担中心控制功能的高级生产性服务业高度集聚于全球性城市之内。但 Sassen 的研究立足于全球城市的功能，即研究对象仅仅是高级生产性服务业中的大型跨国公司的分布，对于一般性生产性服务业整体分布尚未给出较严格的理论和实证分析。Pandit 等（2002）通过对英国广播产业和金融产业的比较分析，认为两类产业的集聚与增长有显著的相关效应；集聚竞争优势源自地理毗邻，某一集聚区企业增长率往往要高于平均企业增长率，这又会诱使新企业进入。O'Donoghue 等（2004）运用标准化区位熵指数对英国商务服务业的空间分布情况进行研究，发现商务服务业主要集聚在英国东南部地区。

从宏观层面的研究结论看，相对于其他部门，商务服务业的空间分布高度不均衡，具有更明显的集聚度；且区位特征较为明显，大都市往往成为商务服务业高度集中的地区。

1.3.2 中观视角

中观视角的讨论主要集中在商务服务业“去中心化”的议题上，关注焦点集中在“去中心化”的原因、生产性服务业在中心外围区域的分布特征等。大多数研究表明“去中心化”的趋势已经发生，只是程度有所不同。Coffey 等（1996，2002）对加拿大蒙特利尔的研究，以及 Aguilera（2003）对法国里昂的研究都认为生产性服务业存在“去中心化”现象，认为“去中心化”的主要原因是信息技术的发展和土地成本的提高使得中央商务区（central business district，CBD）或中心城区对生产性服务企业不再具有吸引力。Sam Ock Park 等（1998）、Myung-jin 等（2002）的研究则表明，首尔的“去中心化”趋势表现为另一种形式，即传统 CBD 地位出现了一定程度的下降，但新兴的生产性服务业并未向郊区转移，而是在毗邻 CBD 的另外两个区域出现显著增长，从而在中心城区内部形成了多中心结构。

部分研究表明，“去中心化”存在行业和部门的结构性特征，部分行业和职能部门更倾向于位于郊区，另一部分则不然。Searle（1998）对悉尼、Coffey 等（1996，2002）对蒙特利尔、Boiteux-Orain 等（2004）对巴黎的研究均表明，不同行业和部门的“去中心化”程度不同，以金融、法律为代表的高级服务业并未实质性地离开CBD，即使是离开也大多是流向了中心城区；“去中心化”趋势在低级生产性服务业中表现得较明显。Shearmur等（2002）考察了巴黎都市区17个高层次服务业的布局模式，发现高层次服务业的布局模式比较复杂，每个部门集聚模式不同，且每个部门都体现了分散和集中相结合的方式。服务业分布情况与市场、部门结构、部门属性相关联。例如，咨询行业中（管理、工程、计算机服务、广告）大的全球咨询公司趋向于定位在中心，而小的咨询公司趋向于分散。他们认为高度扩散是一种新的工作模式，特别受信息技术的影响。Baro等（1993）分析巴塞罗那都市区商务服务业区位策略，发现商务服务业有中心化趋势，尤其是最有创新性和战略性的、客户和供应商之间有高度合作需求的服务业，认为决定服务业区位的因素有：可达性，包括资金、客户和信息的可达性；利用卫星城市的经济资源，包括基础设施、公共服务，与其他公司的合作机会；接近于充分多样化的劳动力市场。

从中观视角的“去中心化”议题研究成果可以看出，“去中心化”是有相对性的，不同行业呈现出不同的“去中心化”趋势，对高等级服务业来说，“去中心化”趋势并不明显；对同一个行业的不同部门，“去中心化”趋势也有所不同，取决于部门属性。

1.3.3 微观视角

20世纪80年代后国外开始出现关于商务服务微区位的研究，90年代以来有逐步增加的趋势。Bodenman（2004）研究了1983～2003年费城都市区投资咨询业的组织结构和地理空间，发现虽然这期间该产业有极大增长，但是在传统CBD却有相对下降，有着向周边扩散的趋势，但是依然保持邻近CBD的特征。这一发现在Hong（2007）对上海外资服务业定位模式的研究中得到了印证，他发现外资服务业更倾向于选址在拥有便利交通、良好基础设施条件及市场需求的中心商务区。Breandan等（2007）通过生产服务机构规模和离中央商务区距离的关系模型实证发现，虽然菲尼克斯中央商务区有密集的法律和会计服务集聚，但建筑和工程服务集群主要发生在距离市中心3～6千米的环路上。证券、法律、会计、建筑和工程、计算机系统、管理咨询、广告等服务机构的规模与其离中央商务区的距离呈显著的负相关。信用中介、专业设计、就业服务和商务支持服务机构的规模与距离中央商务区的远近没有显著关系。这和企业规模大小、与次级中心的距离有关。然而，不同生产服务部门对中央商务区外部和土地需求的敏感度是不同的：法律服务、会计和计算机服务商务支持服务的就业率最高，机构也最集中；信用中介和证券服务集聚度较小，表明它们较少依赖中央商务区生产率扩张的外部性，科学研究的工作和设施集聚度最小。这一点与 Gong 等（2002）的研究结论相符，说明该部门熟练的专业人士并不依赖于 CBD 的外部性。

从微观层面的商务服务业空间分布研究可以看出，由于地租敏感性、企业规模等原因，商务服务业内部不同子行业的区位特征不同。

第 2 章　商务服务业与现代都市发展

2.1　国际商务服务业发展趋势

2.1.1　与制造业相互融合趋势明显

随着大规模生产日渐普遍，单纯制造环节已不能产生更多的附加值，只有将更多的服务融入生产过程才能获得竞争上的优势，推动服务业与制造业之间的相互渗透与融合。在这一融合过程中，许多传统的制造业企业开始向商务服务业领域转型，甚至放弃或外包制造活动，专注于战略管理、研究开发、市场营销等商务活动。例如，原来以生产计算机闻名的 IBM 公司现在已经转型为包括 IT 咨询等服务在内的 IT 服务企业。

制造业服务化一方面表现为制造业的投入产出呈现服务化趋势。研究表明，目前服务中间投入占制造企业中间投入成本的比重达到 70%左右，对生产性服务的有效需求近 70%来自第二产业，其中研发、金融、租赁和商务服务、邮政等行业的中间需求较高。2010 年以来，发达国家生产性服务业占全部服务业的比重普遍在 60%～70%，生产性服务业占国内生产总值（gross domestic product，GDP）的比重在 43%左右。另一方面表现为制造企业经营呈现服务化趋势。在工业品的附加值构成中，制造加工环节占比越来越低，而研发、设计、物流等服务占比越来越高。许多跨国公司制造商的主营业务、业务增值、管理模式、赢利来源均以服务为主，有两成跨国制造企业的服务收入超过总收入的 50%，成为名副其实的服务企业。

服务业制造化倾向主要体现在：一方面，服务业加强向制造业的渗透。从生产性服务业的增长反映出金融、物流、研发等服务部门，以制造业为主要市场，为制造业服务不断增加。另一方面，服务企业产业链逐步向制造业延伸。在价值链上处于主导地位的服务企业，凭借其技术、管理、销售渠道等优势，通过贴牌生产、连锁经营等方式嵌入制造企业共同为消费者提供服务。由于一些服务企业在价值链高端掌握了核心技术、核心业务，如研发企业拥有自己的发明专利、设计机构拥有自主创新设计、物流公司拥有自己的网络等，这些企业为了寻求全产业价值链的增值，利用自身在产业链高端的控制力，建立起自己的制造工厂。

制造业服务化与服务业制造化相向发展，使得产业价值链重构为一条既包含制造业价值链增值环节，又包含服务业价值链增值环节的融合型产业价值链，与原有单纯的服务业价值链和制造业价值链相比，具有更广阔的利润空间和增长潜力，在产业层次上表现出明显的结构升级效应。

2.1.2 企业趋向规模化

生产性服务业是世界经济中增长幅度最快的行业。目前，生产性服务业已成为许多西方发达国家的支柱产业。产业结构中有两个70%的现象，即服务业占GDP的70%，生产性服务业占服务业的70%。生产性服务作为商品生产的中间投入，对整个生产过程发挥着联结功能，包括上游（如可行性研究、风险投资、产品设计、市场研究等）、中游（如质量控制、会计、人事管理、法律、保险等）和下游（如广告、物流、销售、人员培训等）的各项活动，贯穿于社会再生产的各个环节之中，其本身形成了完整的产业链。

为应对日趋激烈的竞争态势，商务服务企业通过并购、重组、联盟等方式来增强实力，表现出规模化经营的趋势。例如，全球四大会计师事务所之一“普华永道”是由英国的普华和永道两家事务所于1998年合并组建的；安永咨询于2000年被法国凯捷集团并购；WPP并购了智威汤逊、奥美、扬雅等著名的广告公司发展成为全球第二大广告公司。

2.1.3 向大城市集中趋势

逐利的天性是现代服务业集聚的根本动力。产业集群的动力源泉，归根到底，是企业为寻求自身的生存环境所形成的结盟。同样，现代服务业的集群化发展也是现代服务业追求利益最大化天性的一种外在表现。但是，与传统制造业不同的是，现代服务业是以满足选择最大化为目标，而不是以追求成本最低为目标，即满足消费者需求比追求生产成本最低更为重要。现代服务业的这种天性使得其企业越来越向它的大客户群靠拢，即产生一种向心力，推动现代服务业向集群化方向发展。那么选择中央商务区作为集聚区域的首要因素就是该区域能给现代服务业带来最大的利润。

商业发展是现代服务业集群化发展的基础。现代服务业的发展一般以商业的发展和繁荣为基础。在集聚效应的作用下，城市中心区凭借其他地区无法比拟的可达性和区位优势，成为以零售业为主，集办公、文化娱乐、政治活动等多功能混合的商业中心区。但是，随着商业的发展和繁荣，商业集聚区内的不经济逐渐显现，暴露出许多问题。商业中心区的空间过度密集，从而导致地价飞涨、供水不足、交通拥挤、污染严重及犯罪率上升等问题。“城市病”的出现使得商业集聚效益开始降低。工业企业需要较大的加工制造空间、租金支付能力低、污染严重，不适合继续留在城市中。另外，公共交通的发展和汽车的应用及普及，也加快了工业企业外迁的步伐。制造业和零售业已表现出离心趋势，但投入少、产值高、无污染的以贸易、金融、咨询服务等为主体的现代服务业和高级零售业仍保持市中心集聚的优势，并在商业发展的基础上发展商务活动，城市中心区的主要功能表现为商务功能，辅助功能表现为商业功能，而且两种功能趋向于专业分区集聚的特点，这是一个商务活动功能专业化和空间独立化的发展过程。

现代服务业的自身特点促使其向大城市繁华地区集聚。现代服务业一般都是知识密集型产业，产品具有可储存和可快速、低成本转移的特征，产品的可贸易性是现代服务业在空间上集中的前提。现代服务业更加关注客户市场和商务环境等非成本因素，这种区位选择偏好促使其逐步向客户资源丰富、交通便利、信息充分、人才充足的大城市的繁华地区集聚，以此带来交易成本节约、可达性增强及业务机会的增多，由此弥补高的租金及专业人员薪水引致的高营业成本。城市或区域商务服务业发展水平与其经济发达程度具有密切的关系。大城市作为经济活动的控制中心、协调和指挥中心，资本和贸易活动频繁，往往成为商务服务企业的集聚中心。例如，纽约是美国商务服务业最发达的城市，聚集了世界 500 强企业总部的 22 家，拥有美国 6 家最大会计公司中的 4 家、10 家最大咨询公司中的 6 家。

2.1.4　国际转移速度加快

服务业跨国转移是当前经济全球化的新的显著特征，主要方式是服务业对外投资，服务业务和项目的离岸外包，以及以提供特许权、经营许可、管理合约等为主的服务贸易。服务业转移既是制造业全球化的自然延伸，也是推动服务业全球化的重要力量，并引发世界经济和产业结构的重大调整。

服务业跨国转移加速的主要原因有：第一，生产的国际化带动了服务的国际化。跨国公司在全球范围内组织生产活动，也需要获得全球化的贸易、金融、通信、运输等服务，随着制造业向发展中国家转移，一些发达国家的生产性服务业也出现了向发展中国家转移的浪潮。第二，以 IT 为主导的高新技术在世界服务业中的应用取得重大突破，服务业国际分工全面深化是服务业全球化和跨国转移的重要基础。现代信息技术的发展降低了企业内部管理和信息传递成本，也改变了许多行业的经营环境和竞争模式，服务业跨国公司也可以借助信息技术及时监督其全球范围的资产、运营情况，客观上为服务业的转移提供了条件。跨国公司通过建立完善的生产及服务供应链管理体系，不仅实现服务生产成本的最小化，而且确保了外部服务供应的稳定性和交易成本的最小化。第三，服务业国际竞争日益激烈推动的结果。世界服务业的迅速发展及服务业态与经营模式的不断创新，促使服务业国际竞争日益激烈。跨国公司必须建立全球范围内整合利用资源和市场的平台，通过服务业跨国转移实现生产要素的优化配置，来降低成本，提高效率，改善服务质量，以占据国际分工和竞争的高端环节，增强影响力和控制力。第四，全球服务市场自由化不断加深为服务业转移提供了前提条件，将服务贸易纳入了全球贸易自由化体系之内，将商业存在作为服务贸易内容之一。发达成员承诺的覆盖率为81%，转型经济体承诺的覆盖率达到66%，对促进服务国际贸易和服务对外投资发挥了巨大作用。

在全球产业转移的大背景下，商务服务业国际转移呈现加快趋势，商务服务业国际转移以跨国投资为主。例如，德勤近年来加快在亚太地区设立分支机构，德勤公司2010财务年度在亚太地区的总收入高达36亿美元，同比增长9%，亚太地区连续第六年成为增长最快的地区，目前德勤在中国港澳台地区拥有超过8000名员工，在北京、重庆、大连、广州、杭州、香港、澳门、南京、上海、深圳、苏州、天津、武汉和厦门都设有分支机构。

2.2 商务服务业在都市中的作用

2.2.1 提升都市能级，完善高端服务功能

由于咨询与调查、法律服务、企业管理等商务服务业属于知识密集型的高端服务业，在全球产业链中处于高端位置，发展商务服务业能够完善区域和城市的高端服务功能，提升其在世界经济竞争格局中的控制力和影响力。例如，企业管理服务行业聚集了大量的企业总部，而这些企业总部，尤其是跨国公司总部对全球的经济拥有巨大支配力，成为城市或区域参与国际竞争的主导力量。

以通信技术、计算机技术为核心的信息技术革命，推动了经济结构由工业经济向服务经济的转变。自 20 世纪 80 年代开始，全球产业结构呈现出转型的趋势，并由发达国家向发展中国家扩展。在过去 30 年里，服务业一直是发达国家发展最快的行业之一，门类越来越全，就业人数越来越多，在国民经济中的地位越来越重要，占国民生产总值的比重也越来越大。服务业已成为当代世界各国国民经济和社会发展的重要组成部分，成为许多国家经济的主要支撑力量。

商务服务业是生产性服务业的重要组成部分，是社会经济发展到一定阶段社会分工的产物。发展商务服务业，可以深化专业化分工，降低社会交易成本，提高资源配置效率。商务服务业通过为各行业企业提供专业的服务和解决方案，不仅能提高企业生产效率、降低企业运营成本、提升产品品牌价值和市场竞争力，而且能使产业整体竞争力得到提升，带动传统产业的升级改造，改变企业生产和经营方式，促进国民经济的增长。随着经济的发展，制造业对商务服务业的依存度将会越来越高，商务服务业在国民经济中的比重将会越来越大、地位越来越重要。以韩国为例，1980～2000 年，制造业对商务服务业的依存度由 0.12 提高到 4.17，增长了 34 倍，增长幅度和绝对量均超过了金融业，占据韩国生产性服务业的首位。

商务服务业发展是提升城市能级、提高城市的影响力和控制力的有效途径。咨询与调查、法律服务、企业管理等商务服务业属于知识密集型服务业，在全球产业链中处于高端位置。发展商务服务业能够完善区域和城市的高端服务功能。世界上商务服务业发达的大都市，往往聚集了大量的企业总部，尤其是跨国公司总部，对全球的经济拥有巨大支配力。因而商务服务业的发展成为城市或区域参与国际竞争的主导力量，是提升其在世界经济竞争格局中的控制力和影响力的重要途径。世界大都市的经济结构中，商务服务业往往有较高的比重。例如，2005 年纽约商务服务业占总服务业的比重达到 15%，2004 年东京商务服务业占总服务业的比重达到 18%。当前，上海正致力于经济结构的调整。现代服务业、先进制造业成为上海发展的主导产业，这为上海商务服务业的快速发展提供很好的机遇。2002 年上海市商务服务业实现增加值 658 415.3 万元（当年价格），占上海市当年 GDP 总量的 1.2%，在 108 个行业中位列第 21 位。至 2007 年，商务服务业增加值增长到 5 204 080 万元（当年价格），占上海市 GDP 总量的 4.27%，在 108 个行业中列第 4 位。可见近年来上海商务服务业的发展势头非常迅猛，但与纽约、东京等国际大都市相比，商务服务业发展水平还处于初级阶段。

2.2.2 促进专业化分工，提高资源配置效率

商务服务企业通过为各行业企业提供专业的服务和解决方案，不仅能提高企业生产效率、降低企业运营成本、提升产品品牌价值和市场竞争力，而且能使产业整体竞争力得到提升。例如，咨询服务业提供的优质市场营销方案能为企业节省销售环节的库存、人力、时间等各种成本，提高产品竞争力；法律服务机构通过为企业并购、上市提供专业的法律咨询服务，在为客户节省各种资源成本的基础上，还能帮助企业规避风险。

服务业是当前国家和区域经济中的重要元素，其最重要的直接影响在于就业方面，在对欧洲经济变化的计算中发现，发达国家的制造业就业都有所下降，而服务业在所有经济合作发展组织（Organization for Economic Co-operation and Development，OECD）国家的就业则超过了就业人数的 50%，其中女性在服务业的就业的份额有所增加（Tickell，1999）。服务业不仅增加了新的就业机会，还吸收了一批社会的弱势群体，如家庭妇女、兼职者就业，并且接收、再训练了从制造业转移来的部分工人。而知识密集型商业服务业（knowledge-intensive business service，KIBS）则被视为客户企业创新的促进器、运输器和来源，以及重要的高级人才国内就业接收器。

服务业作为一项基本经济活动，不但能增加就业，还能增加当地经济收入等。Harrington（1995）对美国 1980 年以来区域研究中对生产性服务业的研究进行了总结，指出在经济增长中，各类服务活动对大都市区及非大都市区的就业增加都有大的影响；服务业，尤其是生产性服务业（中介服务）通常拥有外地的客户，即生产性服务业可以为本地区带来收入。同时，当前生产性服务业在整个国民经济中占有重要的作用，13 个 OECD 国家和俄罗斯、巴西、印度的生产性服务业占国民产出的比重都基本为一半左右，生产性服务业占国民产出的比重也基本是服务业增加值占 GDP 的比重的 2 倍，如俄罗斯的生产性服务业增加率高达 55.6%，而服务业增加值占 GDP 的比重为 27.2%。可见当前生产性服务业的收入贡献率之高，在整个国民经济中占有重要地位。

此外，商务服务业集聚过程中，由于知识外部性、公共基础设施共用、风险分担等因素的作用，商务服务业企业的平均成本下降，从而获得更高的生产效率和竞争力。另外，企业实行集中交易、集中生产，促进了创新技术的扩散，同时也为当地居民创造了大量的就业机会。

2.2.3　提高劳动生产率，促进区域经济发展

生产性服务业作为国民经济的一个重要行业，能够通过提高劳动生产率促进经济发展。Daniels（1987）认为，生产性服务所提供的信息和建议的水平对于滞后的区域的经济发展有着重要的作用。Illeris（1996）总结以往学者的研究指出，通过对服务的使用，使用者部门乃至整个经济系统都产生了生产率提高和创新。Britton（1990）也指出，服务活动减少了生产的间接成本，使资金周转时间的时空阻碍最小化。

生产性服务业作为独立的产业部门，以其强大的支撑功能成为制造业增长的牵引力和推进器，是制造业起飞的“翅膀”和“聪明的脑袋”。生产性服务业是把社会中日益专业化的人力资本、知识资本导入商品和服务生产过程的飞轮，它在相当程度上构成了这些资本进入生产过程的通道。因此，它能够提高生产率，并同时增加其产业价值。O’ Farrell 等（1990）提出，一个地区内缺乏生产性服务业，或是地区内的生产性服务业价格的竞争力不足，会阻碍当地制造业的效率、竞争力和运作，并进而破坏区域的发展进程。

对商务服务业而言，商业服务类别十分庞杂，包括技术咨询、管理设计、研究服务、软件发展服务和市场有关的行政管理服务。这些商务服务业中的一个有趣的子集是知识密集型商业服务业。他提出可以通过两个因素的组合从原则上来区分出商业服务，这两个因素分别是对正规的专业雇佣的强烈依赖和对它们的主要客户的生产率的促进影响。

商务服务业可以支撑生产企业的循环架构，帮助生产企业增强作业连续性，提高生产率，降低可变成本，促进规模化生产。商务服务业是企业劳动生产率得以提高的前提和基础，没有发达的商务服务业，就不可能形成具有较强竞争力的制造业部门。商务服务能够直接地创造就业，而且由于商务服务降低进入其他行业的条件，也间接地创造了就业。从外部的专业公司购买商务服务，不仅节约成本，而且使制造业和服务业的中小企业能够获得专家服务，具有重要的战略意义。

2.2.4　优化经济产业结构，推动经济增长方式转变

商务服务企业通过为各行业企业提供专业的服务和解决方案，不仅能提高企业生产效率、降低企业运营成本、提升产品品牌价值和市场竞争力，而且能

使产业整体竞争力得到提升。例如，咨询服务业提供的优质市场营销方案能为企业节省销售环节的库存、人力、时间等各种成本，提高产品竞争力；法律服务机构通过为企业并购、上市提供专业的法律咨询服务，在为客户节省各种资源成本的基础上，还能帮助企业规避风险。

大力发展现代服务业，有助于优化城市的经济发展方式，提升服务业在GDP中的比重。生产性服务业的发展促进了产业结构的优化，有助于增强城市的辐射力，实现城市功能的定位，促进城市与区域的协调发展。

生产性服务的外部化、市场化与产业化发展是专业化分工和资源配置在企业内部市场之中的自然发展，伴随这一趋势，一方面，企业内部的价值链和产业链会得到优化，核心竞争力会得以提升；另一方面，企业乃至整个经济的资源配置和利用效率会得以提高，产业分工与产业结构更趋合理，整体经济的创新力和竞争力随之提升。同时，在地区发展方面，城市是服务业包括生产性服务业的主要空间载体，尤其是大城市更应该把发展服务业放在优先战略位置，要让市场发挥基础性作用，逐步形成服务经济为主的产业结构，增强服务业的区域集聚与辐射效应，提升中心城市的服务能级，带动周边地区实现产业调整与升级。

商务服务业是社会化分工的结果，商务服务业的发展不仅改变了以往的服务业生产和经营方式，带动传统服务业的升级改造，而且对国民经济的增长产生越来越大的影响。商务服务业提高了产业整体的劳动生产率，推动了服务业内部结构的升级。在三次产业出现结构性变化的同时，服务业内部结构也在不断地发生着变化，具体表现为：服务业从传统的以劳动密集型为主转向以资本密集型为主，并进一步向技术、知识密集型为主的服务业转变。发展商务服务业，不仅能推动生产企业的发展，有利于其他服务业的升级改造，提高整个社会的经济效益，还能产生积极的社会效应，实现合作共赢的可持续发展局面。

信息咨询服务业通过运用现代化的科学技术，提供各种信息咨询产品和服务，向传统产业渗透和融合，促进了传统产业向自动化、智能化发展，使传统产业在生产方向和内部生产技能方面向新兴工业转移，使传统产业对资金、能源的消耗转向对知识、技术的开发、创新，从而实现了传统工业的改造和升级。这两方面的发展促进了国民经济产业结构的提高和升级，形成了以知识、技术密集型产业为主，劳动密集型和资金、资源密集型为次的梯形产业结构，使经济得以在更高层次上运行。

在服务业集中的某些地区，服务业的发展可以成为经济发展的另一驾“马车”。服务业在贸易（包括出口和进口）水平上的变化是发展的动力。生产性服务业把新技术应用到商品生产过程中，为市场经济提供活力并带来经济增长。

我国研究中较常见的“现代服务业”概念与生产性服务业所包括的行业存在相同之处，现代服务业拥有实现经济增长的两个决定因素——科学技术和人力资本，这两个因素对物质资本和自然资源具有深度开发、提高使用效率、提升价值的功能和作用，能广泛渗透并作用于物质资本和自然资源之中，从而从根本上支撑经济持续健康发展。以应用新技术为特点的现代服务业为发展新技术产业提供了创业的氛围，能够为现代制造业的发展提供支撑和引擎；现代服务业与总部经济的协调发展及现代服务业与现代制造业的双轮驱动形成互动的机制是我国社会经济可持续发展的重要保证。

商务服务业改变了以往的服务业生产和经营方式，带动传统服务业的升级改造，可以支撑生产企业的循环架构，帮助生产企业增强作业连续性，提高生产率，降低可变成本，促进规模化生产。

实现经济增长方式的根本转变，关键在于决策和组织管理的转变，即由以经济为主的决策和组织管理向以科学为主的决策和组织管理的转变。现代咨询业以智力成果为政府部门、企事业单位的决策和运作服务，对推动决策的科学化和民主化进程，促进科技经济结合，优化资源配置，实现“两个根本性转变”具有不可替代的重要作用。

2.2.5　发挥乘数效应，增强城市辐射能力

商业服务部门在过去几年间很受关注，技术性商业服务在制造业的技术变化中扮演了重要角色，知识密集型商业服务业具有作为区域发展跳板的潜力。发展商务服务业将对许多相关产业产生巨大的乘数效应，加速促进与之相关联的产业发展进程，起到事半功倍的效果。同时发展商务服务业对相邻的、相对落后的区域有巨大的辐射作用，会加速这些区域的商务服务业及相关产业的发展，有助于推进其城市化发展进程，形成国际化大都市圈。

商务服务业的发展，能使政府招商融资压力减轻，社会就业负担减小，包括人力资源在内的各种社会资源将会得到更加合理的配置，企业依法经营、按章纳税的意识和行为将会得到全面加强，政府、企业、社会的关系将会更加和谐，政府缺位、越位和不到位的情况将会得到很大程度的改观，使政府有更多的精力来关心整个社会秩序的建立和完善社会保障体系，有利于整个社会沿着一条可持续发展的科学发展之路不断进步。

商务服务能够将密集型知识注入其他的行业领域，是普及技术的重要途径，是其他产业提高生产效率的源泉，对于普及管理创新和方法创新也尤其重要。商务服务的国际贸易能够有助于发展中国家发展商务服务，解决市场规模小和专业化程度低的问题。商务服务对于国际贸易既有直接影响，也有间接影响。直接影响是商务服务的国际贸易高速发展，而间接影响是提供商务服务的公司企业是本国潜在出口商和境外客户的中介桥梁。

信息咨询业延伸了商品的外延，从有形的物质、能源等商品形式延伸到无形商品领域，工业化时代有形产品的商品贸易已经向信息时代的无形商品的技术贸易转化。网络咨询方式通过信息网络进行商务活动，使得原来面对面的商务活动逐步变成由计算机终端远距离完成的活动，摆脱了时间、空间和人为条件上的限制，使信息获取具有快捷的特点和极强的群体性、极大的选择性及内容的丰富性，人们工作、生活变得方便，也带来了经济交流的扩大化和频繁化，产生极高的经济效益，增强了经济运行方式。

2.3　我国都市商务服务业发展现状、特点及问题

2.3.1　我国商务服务业发展现状

我国的商务服务业与WTO服务贸易12大分类中的商务服务业相对应，主要指在商业活动中涉及的服务交换活动，既包括个人消费的服务，也包括企业和政府消费的服务。具体细类分为：专业性（包括咨询）服务、计算机及相关服务、研究与开发服务、不动产服务、设备租赁服务、展览管理等其他服务。可以看出，WTO服务贸易商务服务业的内涵和外延都比我国统计分类中的租赁和商务服务业广泛。

从国家统计局近几年的统计数据来看，增加值增长速度绝对值比全国和第三产业低，但其增长速度却不断提高，是加速发展的趋势。我国租赁和商务服务业近几年显示出了强大的吸纳就业功能。我国租赁和商务服务业吸纳就业处于高增长状态，吸纳就业平均每年净增就业人数近百万人，其中2005年增长率高达26.0%，2006年15.6%，2007年10.5%，远远高于同期的第三产业和全国的就业增长率，目前，我国经济正处于快速成长阶段，随着我国经济规模的进一步发展和经济结构的进一步优化，租赁和商务服务业将获得更大的发展空间，其吸纳就业的功能将更加强大。

2.3.2　我国商务服务业特点

（1）数量增长迅速，但规模小，分布比较散。我国近些年商务服务业增长迅速，但商务服务业中的小企业占绝大多数，目前商务服务企业一般分布在较大规模的商圈和成熟写字楼附近。除企业管理机构外，商务服务企业规模小，注册资金少，引资能力弱，对客户的依赖性很大，服务产品是小作坊式的随需而制，影响了企业在专业化道路上的延伸。在运营模式上也没有连锁经营，规模效益未发挥出来。特别是商务服务业现阶段总体的行业附加值较高，利润率趋低，总体收入水平比较低。

（2）形成一定的品牌效应，但有待增强。目前租赁和商务服务业绝大多数为内资企业，外资企业虽然少，但其主营收入却占到租赁和商务服务业的大部分，利润总额更高。高端市场几乎被外资企业垄断。内资商务服务企业发展时间短，品牌意识薄弱，缺少技术和专业化的服务培训，特别是缺少商务服务知识的积累、共享和更新，其核心资源仅限于个人或小团队不可复制的知识能力，品牌乘数效应未发挥出来，议价能力低，制约了内资商务服务企业的发展空间。

（3）传统服务业为主，科技含量低。目前多数商务服务企业以传统的服务方式为主，领域狭窄，品种单调，服务手段落后，信息技术和产品在商务服务领域应用较少，整体水平较低。在行业层面上，资源共享的信息平台还未搭建起来；在企业层面上，内部的管理信息系统、客户关系管理系统的应用还不普遍。这些使商务服务业本应提供的高附加值未真正“附加”出来。因此，提升商务服务业的科技含量和商务服务水平是当务之急。

（4）市场化运作机制初步形成，但不够完善。商务服务业的市场化运作需要有良好的经济平台和政策环境作支撑，但由于我国现阶段提供的大部分商务服务没有充分展现高科技、高知识含量的特点，商务服务市场进入的门槛比较低，缺少行业准入标准的限制，不同规模和品质的商务服务企业在同一层面上竞争，非正规的运作方式（价格战、裙带关系、明标暗投等）在一定程度上仍发挥着作用，自律性较差。尤其是目前政府以个人执业资格审核为主，缺乏对商务服务企业的统一监管标准，加上相关法律、法规的不完善，导致监管力度不够，行政因素参与过多，实力、规模、服务质量等还未成为市场竞争的关键因素。

2.3.3　我国商务服务业存在的问题

（1）本土龙头企业较少，核心竞争力不强。在我国商务服务企业中本土企业以中小规模为主，规模以上本土商务服务企业仅占 24%，从业人员不足 60 人的企业占到了 95.9%，资源相对分散。由于企业规模小，服务水平与创新能力较低，在与外资实力企业的竞争中处于劣势地位，很难占领高端业务市场，不能形成品牌效应。例如，在法律服务业领域，本土律所在涉外优秀律师人才及国际谈判经验等方面与外资律所有较大差距，在与外资律所开展涉外业务合作时只能赚取很小的利润份额。随着越来越多的外资企业进入，本土企业将面临更大的冲击和挑战。

（2）标准化体系建设滞后，难以适应国际发展趋势。由于商务服务业标准化体系建设滞后，行业整体标准化程度较低，在成本核算标准、从业人员资格认定标准、市场准入与退出标准，以及标准的相互认证、承认制度等方面没有实现与国际标准接轨，造成国内企业得不到国际认可，无法开展国际业务。标准化滞后已经成为本土商务服务企业拓展市场、参与国际竞争的重要障碍，同时也增加了国内企业的运营成本和政府审批成本。例如，在会计审计行业，四大外资咨询机构凭借拥有国际标准资质垄断了我国上市公司的审计咨询业务，并掌握了我国能源、金融等重要领域的经济数据。

（3）高端人才供应不足，专业化服务水平差距明显。尽管聚集了一定规模的高素质商务服务从业人员，但外资机构利用丰厚的薪资待遇、优良的工作环境等优势吸纳国内高端人才。另外，目前国内职业教育环节薄弱，培养的人才技能单一，很难适应社会实际需求，导致高端商务服务人才仍相对缺乏。很多本土商务服务企业限于专业化人才供应不足，在发展过程中无法形成自己的优势领域，专业化服务水平与外资企业存在明显差距，在竞争中只能承接附加值较低的中低端服务业务。例如，在资产投资、经济咨询领域的绝大部分市场都被摩根士丹利资产服务咨询（中国）有限公司、菲利普莫里斯（中国）企业管理有限公司等外资企业所占领。

（4）信用和监管体制不完善，行业市场秩序有待规范。作为一个发展尚不成熟的行业，目前商务服务业内部企业信用信息体系不健全，激励和惩戒机制尚未建立，加上企业缺乏自律机制，导致行业内企业的失信行为及在业务竞争中竞相压价和各类投机现象大量存在。例如，一些企业利用低收费或不收费手段抢占客户资源等，不仅降低了企业服务质量，而且使整个商务服务业市场环境遭到破坏。另外，协会组织职能不清、行业监管政出多头，也是造成商务服务业市场秩序混乱的又一重要原因，不利于商务服务业的持续、健康发展。

第 3 章　IT 与商务服务业空间分布

3.1　IT 对经济空间的影响

3.1.1　IT 与信息空间

Gibson（1984）最早提出了信息空间的概念，认为信息空间是基于线路连接而成的巨型网络，由地理上分散的多台独立计算机通过通信线路互连构成，本质上是一种计算机网络和信息网络系统，是一种看不见的信息空间形态。Benedikt（1992）认为信息空间是一个全球性的、网络化的、通过计算机支持的、计算机出入的、计算机产生的、多维的、人造的，或者说是“虚拟的”现实。Heim（1996）认为信息空间是经由计算机之内和之间的转换而发生的复杂的转换和信息处理。Jiang 等（1997）则将其定义为一种由计算机生成的景观，即全球计算机网络的虚拟空间，通过网络连接世界上所有的人、计算机和各种信息资源。Dodge（1998）认为信息空间显然不是由现实世界中一种同质性的空间组成的，而是指无数个迅速膨胀或迅速萎缩的和个性差异极大的空间，每一种空间都提供了一种不同的数字相互作用和数字通信形式。Rheingold（2000）把信息空间定义为人们通过使用计算机媒介通信技术，文字、人际关系、数据、财富和权利都能在其中得到显现的概念性空间。路紫等（2008）认为信息空间是指地理空间上分散的多台独立计算机互联构成的在线系统和空间形态。曾国屏（1998）认为信息空间是以信息技术的运用为基础，造就了一种新的社会生活和社会交往的电脑化、网络化、虚拟化、适人化的多维虚拟空间。李江等（2002）认为信息空间是指以计算机技术、现代通信网络技术、虚拟技术综合应用为基础，构成一种人们进行社会交往和交流的新型空间，是一种人工世界，一种文化、知识和精神交往的虚拟空间。

通过上述文献可知，虽然对信息空间还未形成一个明确的定义，但对其内涵基本达成一致，即基于信息技术的运用，通过网络的远距离传输手段，形成的一个虚拟的非物质世界。

3.1.2　IT 对经济空间的重构

根据 Castells（1989，1996）的观点，传统的空间是建构在邻近性概念之上，即交互主体在物理意义上是聚集的。但在信息时代通信和信息技术可以克服这种限制，社会活动能从空间邻近性中解放出来。因此，信息社会中主导的空间形式不再是位空间（space of places），而是一种新的流空间（space of flows）。在这种空间形式中，场所并未消失，而是被吸纳进网络，由其在流中的位置来界定。流空间由三个层次共同构成：第一个层次，由电子交换的回路所构成（以微电子为基础的设计、电子通信、电脑处理、广播系统，以及高速运输等为基础设施），这些设施决定了流空间的运作，以及与其他空间的关系，共同形成了信息社会的关键物质基础；第二个层次，由其节点（node）与核心（hub）所构成，建立起一系列以地域性为基础的活动和组织，节点将地域与整个网络连接起来，整合形成一个以信息流为基础的全球性网络；第三个层次，是处于支配地位的管理精英（而非阶级）的空间组织，信息空间通过流动来支撑技术精英、资本精英和管理精英的兴趣与实践。

Cai 等（1999）将信息空间分为四个层次：物理层、网络层、应用层和知识与行为层。每一层有其地理依赖性，各层特征也各不相同。知识的产生和扩散及信息基础设施与地理的关联度较高。物理层信息技术和网络基础设施的分布有较大的空间不均衡性，造成网络接入和硬件条件的空间差异。网络层物理区位的重要性取决于信息流通特征。由于地理区位对网上行为构成的影响较小，在应用层互联网与地理的关联度是最低的。知识与行为层，用户通过网上信息交流和信息采集，知道其在真实世界的各种活动。

Bakis（2001）指出当前“地理空间”和“网络空间”交织在一起，处于一种融合过程，他把这一地理学现实称为“地理网络空间”（geocyberspace），用以强调在全球网络服务基础上地理学空间的新形式。

信息空间在很大程度上根植于物理空间与场所，两者经常彼此融合，但仍存在明显差异。Li 等（2001）将信息空间和物理空间的基本特征进行比较，结果如表 3.1 所示。两种空间最显著的区别是交流速度。物理空间交流速度取决于运输方式，信息空间通过光速交流。这种即时性交流是促使信息空间从物理空间中分离出来的最主要因素。两者之间的其他区别以此为基础。另一个显著差异是交流内容。物理空间信息和物理内容都可以交流。而当前信息空间只能进行信息交流，有些类型的信息还不能被有效地电子化，如隐性知识，因此尽管存在交流的“瞬间性”，但信息空间离“无摩擦”还很远。信息通信设施的地理分布格局及其带宽、成本、政府的各种管制和条例，还有其他许多因素都会显著影响网络空间的特征和使用方式。一些地方至今还缺乏提供通畅的信息通信所必要的设施，甚至有些地方根本没有通信设施。

表 3.1　物理空间与信息空间基本特征比较

	物理空间	信息空间
内容	物理的和信息化的	信息化的
媒介	运输设施	通信设施
移动速度	取决于运输方式	光速、瞬时，但基础设施等会降低交流速度
距离	主要约束	不受影响（除了一些成本因素）
场所	距离的	受地方个性影响，空间收敛，虚拟场所
时间	有重要影响	有重要影响，但时间可以在信息空间上停顿
认同感	明确	能够独立于物理空间或场所的认同而再生

资料来源：Li 等（2001）

甄峰（2004）认为信息技术发展形成了与真实空间相对应的虚空间，而在实空间和虚空间中间，存在一个过渡性的灰空间，其发挥着实空间和灰空间相互影响、相互融合的作用。实空间指现实生活中各种社会经济活动的物质载体，由城市、居民点、产业带区、独立工矿点等社会经济活动和河流、山脉等自然景观所构成。灰空间由物质场所、固定计算机或移动设备及网络设施所构成，也可将灰空间理解为由物质流和数字流交互作用所构成的新空间。虚空间是由信息技术、空间技术及相应的组织机制所支撑而形成的新型空间，其中，信息的标准化和规范化是实现虚拟空间中数据共享和交流的关键。其在空间上具有无限超越性和强的渗透功能，在形态上则表现出虚拟性、流动性、不定性、跳跃性和蔓延性等特点，在功能上也具有开放性、多样性、互动性、即时性等特点。

孙中伟等（2005）在 Castells 的流空间理论的基础上，比较了流空间和位空间的差异，如表 3.2 所示。他们比较了流空间与位空间的基础技术、主导状态、空间结构形态、作用范围、主导因素、发展取向和效益取向七个特征的差异，认为流空间与地理网络空间有共同点：它们都是在信息社会背景下表现出来的新空间，都是经信息流整合形成的，两者本质上是一致的；其技术基础都是新的信息技术和基于该技术的新网络空间形式，在这种空间中信息可以实现瞬时全球范围内的有效流动；其目标都是为信息社会创造一种新空间结构，以消除距离障碍，加强区域间（人群间）交流；其过程都是对传统地理位空间加以融合。差异性在于前者强调新空间中的组成要素及其流动性特征，后者则强调地理空间和网络空间融合后的表现状态。他们认为流空间是地理空间和信息空间融合后形成的地理网络空间的外在表现。

表 3.2　流空间与位空间的对比

空间类型	位空间	流空间
基础技术	交通运输	信息通信
主导状态	静止	流动
空间结构形态	核心-边缘	网络化
作用范围	区域	全球
主导因素	距离	时间
发展取向	本地资源	对外联系
效益取向	经济效益	时间-经济效益

资料来源：孙中伟等（2005）

3.2　IT 对企业空间分布的影响研究

学术界目前就 IT 对企业空间分布的影响存在一些争论。悲观的观点认为 IT 会导致距离的死亡和城市的衰落，乐观的观点认为 IT 会强化集聚，而折中的观点认为 IT 的空间效应是模棱两可的，要视产业而定。

3.2.1　IT 与企业空间分散

一些学者预测通信成本的降低导致了距离的死亡，互联网的使用将导致经济活动的扩散。这种观点认为 IT 预示着城市作为信息交流节点的作用将会慢慢消失，认为 IT 将给空间组织带来彻底的变革，就像火车和汽车在工业时代所带来的变革一样（吴艳等，2008）。网络连通性将会变得跟过去的接近性一样重要，甚至取代接近性，与其他单位连通的个体、企业和地区显得比其他没有连通性的单位有竞争优势，IT 会带来城市和集聚的终结（Cairncross，1997）。传统区位理论列出了四个决定企业和经济活动区位的因素——天然优势、集聚经济、城市经济（产业间）和分散力（运输费用和地租），这种悲观观点认为前三种优势被削弱（Kolko，2000）。因为服务业几乎不需要原材料，所以天然优势几乎不起作用；电信传输使得从集聚中获得的知识溢出被削弱；网上订单和电子商务使得靠近供应商和客户而获得的城市经济被削弱。Kumar（2007）认为互联网有改变企业定位于市场的可能。尤其是互联网降低了运输成本，使得地理遥远的组织能随时分享信息。互联网也促使距离遥远的企业结成战略同盟，企业生产过程的分化、离岸外包和电子商务也都显示了新技术对企业之间、企业与客户之间的关系的变革性影响。

3.2.2　IT 与企业空间集聚

部分学者认为 IT 会促使企业更加集聚。这种观点认为互联网准则类似于高速公路，不是单向联结，而是双向的（Johannes，2002）。高速公路联结边缘地区和集聚区，可以通过吸引经济活动重新定位到低成本的、低拥堵的区域来带动边缘区域的经济发展。但高速公路网同样使得边缘地区居民很容易转移到大城市，寻找更好的就业机遇，边远地区也会因此变成死气沉沉的地区。同样的逻辑也适用于互联网。互联网信息基础设施的建设，不仅允许商业和用户在偏远地区像在大城市一样运作，但是同样也允许定位于大城市中心在偏远地区运作。新技术实际上增强了城市的作用，使得城市更为重要，更有位势（Sassen，2001）。他们认为，由于经济活动更加全球化，一些主要的集聚区变成了经济和金融中心。大城市一向是信息交换的主要地点，在创新扩散到其他地区前，多数知识首先在这些中心创造并原型化。只有最大的城市才能提供企业成功运营世界范围内分支机构所需要的服务、能力、基础设备和连接性。Hall（1999）将 Weber 的产业区位模型运用到服务业，通过模型解释为什么高端服务业会集聚在少数大城市的核心，并进行了经验研究，结果显示金融和商务服务业、超国家组织和跨国公司总部（发令和控制职能）、创意和文化产业及旅游业主要集中在世界城市。Leamer 等（2001）认为 IT 对经济活动地理布局影响有限，因为经济活动越来越依赖于复杂的、不容易编码化的信息交流，这些交流的基础是信任和理解，而这是只能“交谈”、无法“握手”的远距离通信不能做到的。换句话说，信息通信技术和面对面的交流不能看成是替代品，因为通信系统不能看成是交通系统。

3.2.3　折中观点

比较折中的观点认为，IT 对城市的整体影响理论上是模棱两可的，同时取决于经济活动为什么出现在城市中，以及 IT 如何影响经济活动。互联网既是城市的补充，也是城市的替代物（Sinai et al.，2004）。Jungyul 等（2002）检验了 IT 对芝加哥城市空间结构的影响，结果显示 IT 同时有吸引力和外溢效应。在芝加哥地区信息技术的吸引力占主导地位。IT 在商务服务业的净效应是正的，并有助于商务服务业在除了超大城市外的城市的增长。但还不能确定这些趋势是否会继续，因为IT对商业和社会的效应还有待进一步观察。

3.3 IT能力的界定

对IT能力的研究大多从资源观的角度出发。Ross等（1996）最早基于资源观提出IT能力的概念，他们将之定义为控制与IT相关的成本及通过实施IT来影响组织目标方面的能力。Bharadwaj（2000）认为IT能力是组织通过动用和配置自身IT资源来整合组织其他资源的能力，相应地将IT资源分为IT技术资源、IT人力资源、IT无形资产三类。国内学者张嵩等（2003）认为IT能力是一种调用和部署企业IT资源，从而获取长期竞争优势的社会复杂惯例。况志军等（2007）认为IT能力是一种动态能力，是组织建立和执行IT相关惯例，根据内外部环境的变化，利用组织内部资源设计、获取、发布和维护IT有关系统，从而获得可持续竞争优势的能力。国内外多数学者普遍认同Bharadwaj的定义。

对区域IT能力的评价指标研究较少，主要集中在国家或地区信息化水平或信息能力测评上。国外信息化测评已经有了多种方法，其中较早的是波拉特法。波拉特法主要使用信息劳动者占总就业人口的比重、信息产业产值占GDP的比重、信息产业增加值占GDP的比重，从而估计出信息经济对GDP的贡献率。但波拉特法对于信息活动、信息行业、信息职业等的划分缺乏统一标准，使得测算结果可比性受到制约，同时应用起来具有相当的难度。日本提出了指数测评法，从邮电、广播、电视、新闻出版等行业，选出数项在社会信息活动中最具代表性的指标，形成一个指标体系。与波拉特法相比，信息化指数法具有统计数据容易获得、操作过程简便易行、测评结果直观清晰的特点，但在指标设立时对信息产业在信息化中的作用强调不够，有些指标也较为陈旧，不能满足现代的要求。国际电联组织（International Telecommunication Union，ITU）提出六项评价七国信息建设成果的指标，省略了各国信息产业划分与研究角度等方面的不同，突出了简便、实用的特点，更易于掌握各国和地区信息化发展的程度。国际数据集团（International Data Group，IDG）于1996年提出了信息建设指数，由社会基础建设、通信建设、电脑普及率三类指数组成，以评价各国搜集信息、吸收信息及有效使用信息的能力。信息利用潜力模型（Information Utilization Potential，IUP）是多变量、多层次的信息环境评估模型，包括一个国家信息基础结构和信息利用能力的各种变量共计230项，适用于多个国家或地区的信息活动状况的对比研究，具有客观准确的特性，使用者还可以根据具体情况对指标进行再次选择。但该方法工作量巨大。

我国信息化测评研究起步较晚。中国科技发展促进研究中心、吉林工业大学的学者设计了综合信息产业力度法，即综合信息产业力是信息产业发展潜在力、信息产业生产力、信息产品开发力、信息资源流通力、信息资源利用力、信息产业平衡力六种力的合力，而这六种力又是由多项具体数据指标构成的。国家信息化办公室委托国家统计局进行中国信息化水平测算与比较研究，推出“国家信息化水平测算与评价的指标体系”（试测版）。该指标体系按照国家信息化的六大要素设置信息资源开发利用、信息网络建设、信息技术应用、信息产业发展、信息化人才、信息化发展政策六个大类，共计 25 个指标。

基于以上对 IT 能力的研究可以看出，国内外学者主要着眼于企业的 IT 能力，或者区域的 IT 能力。本部分将 IT 作为影响商务服务业空间分布的一种要素资源，在对影响商务服务业空间分布的 IT 因素的分析的基础上，选择信息辐射能力、信息通达性和信息集聚能力三种 IT 能力作为研究内容。下面对这三种 IT 能力的内涵和测度方法进行介绍。

3.3.1　信息源的信息集聚能力

20 世纪 90 年代以 Krugman 为代表学者的新经济地理学为集聚提供了解释，其核心思想就是报酬递增、运输成本与要素流动之间相互作用所产生的向心力和离心力导致两个或几个地区演变成一个核心与外围的集聚模式。

按照新经济地理理论的观点，经济集聚是规模经济、运输成本和要素流动三大因素相互作用的结果。Krugman（1991）认为，在存在运输成本、规模经济和要素流动的前提下，经济系统存在着经济空间集聚的向心力和离心力，两种不同的力量的对比导致经济在空间的集聚或扩散。第一种力量是经济集聚的向心力。“需求关联”、“成本关联”和“外部规模经济效应”构成了经济集聚的向心力。运输和交易成本促使厂商定位于市场需求较大的地方，使得区位的劳动力需求增加，本地市场需求也随之扩大，厂商利润增加，形成“需求关联”。厂商利润的增加促使更多厂商集聚，吸引更多劳动力集聚于本区位，市场名义工资率随着劳动力供给的增加而下降，形成“成本关联”。当众多厂商集聚于此区位，批量运输使得运输成本下降，厂商的利润增加，进一步吸引其他厂商集聚，产生“外部规模经济效应”。第二种力量是经济集聚的离心力。“市场挤出效应”、“需求分散效应”及“要素成本效应”构成经济集聚的离心力。在众多厂商集聚于该区位的过程中，随着外地厂商不断迁往该区位，厂商间的产品竞争加剧，边际收益下降，厂商利润减少，产生“市场挤出效应”。大量的消费者分散于各地，形成了众多具有一定消费能力和规模的市场，一些厂商从集聚地迁往其他区位以减少竞争，形成“需求分散效应”。大规模的厂商集聚使得本地房价和地价上涨、交通堵塞、公共资源告急，导致劳动力的生活成本上涨，本地市场名义工资率上涨，产生“要素成本效应”。

因此，如果经济集聚的向心力大于经济集聚的离心力，区域经济在空间上就会形成集聚发展的态势。集聚能力和扩散能力，即导致生产要素空间聚集的向心力和推动经济发展向周边扩散的辐射力。集聚能力的效应表现为生产要素由外围向中心点聚集，在增长极的吸引下，腹地区域的资金、技术、人力和资源等不断地流向核心地区，由此，城市形成和发展起来。因此可以认为，信息集聚能力就是信息要素空间集聚的向心力。

3.3.2 信息流的信息辐射能力

信息辐射能力的概念主要来源于中心城市辐射力的研究。Christaller（1966）最早借助通信手段衡量城市的中心性。在其著作中选用了中心地的电话指数作为评判一个聚落中心职能的标准。他以德国南部全区的电话数（Tg）除以全区的人口（Eg），得到每人平均的电话数，称为电话密度，以这个电话密度乘以中心地的人口数（EZ），其数值为该中心地的预期的重要性，该中心地实际安装的电话数（TZ）称为中心地的实际重要性，两者的差值即为中心性指数。冯德显等（2006）以郑州市为例，主要研究了区域性中心城市辐射力指标体系，其中将电信辐射能力作为城市辐射力的指标之一，以邮电业务总量和各类电话用户、互联网用户数来衡量，采用裂点法对郑州与周边相邻、相关城市的不同城市要素相互作用的范围进行了分析。孙薇（2005）构建了地区流通力的评价指标体系，该指标体系包括规模力指标、商流力指标、物流力指标、信息流力指标、资金流力指标、贡献力指标、发展力指标等七大类，其中信息流通力指标由互联网上网人数和CN注册域名数来衡量，通过因子分析测算各个省份的信息流通力。

信息空间方法（cyberspace，CS）是测度信息辐射能力的一种最新方法，其使用万维网上存在的信息检验城市之间的信息联系，研究方法是用搜索引擎里的超链接数据来研究城市信息联系强度。信息空间研究学者认为尽管搜索引擎远未完美，但是它仍提供了最大的、实时更新的、全面的、即时的数据库，符合研究目的（Brunn et al.，2005）。Brunn等（2005）使用搜索引擎里的超链接数据检验亚欧地区城市数字辐射，莫斯科、伊斯坦布尔、德黑兰和北京成为亚欧城市数字连接的中心，其刻画出了亚洲最大城市之间的数字联系强度，将 197 个城市按照搜索引擎导出的信息进行分类。Boulton 等（2011）使用超链接分析欧洲城市对之间的信息网络，伦敦、巴黎和柏林是信息辐射最多的城市。其后，Devriendt 等（2008）改善和扩充了这种方法，提取世界 100 个大城市，使用量和质的超链接分析目前两个关注度较高的领域——“世界金融危机”和“世界天气变化”，发现传统的发达西方国家在“世界天气变化”领域的数字活跃度上更显著，在“世界金融危机”领域新的东方经济中心排位更高。Zook 等（2011）分析了信息空间内 100 个主要世界城市之间距离的变化，证明了这种刻画城市间不可见信息流的模式，有助于理解城市内大型中心之间存在的复杂数字网络，解释了为什么有些城市，尤其是实际上很远的城市之间，存在很强的信息联系。Zook 等（2007a）着眼于信息景观，基于使用者产生的区位标示，表达实际区位在互联网上的映射。Taylor 等（2002）从全球城市中搜集服务企业规模和跨区域功能数据，转化成 316（城市）×100（企业）的数据，定义为“服务值”矩阵，采用该矩阵的数据测量城市之间的全球网络连接。Zook（2007b）定义了 DigiPlace，使用在信息空间上的信息来寻找物理区位。Brunn 等（2001）使用搜索引擎搜集的网页数量和超链接数量分析了 180 个互联网国家的联结，分析和描述了超链接的地理分布。

由上述研究文献可以发现，虽然有少数研究成果对信息辐射能力进行测度，但对信息辐射能力并没有进行明确的定义。本书基于信息空间的研究文献，在信息空间中，空间单元与其他单元的数字联系越多，说明该单元在信息空间活跃度越大，笔者认为该单元的信息辐射能力越大。因此，本书将信息辐射能力定义为空间单元在信息空间上的活跃度及与其他空间单元的数字联系度。本书基于信息空间研究方法，采用搜索引擎的超链接数据对信息辐射能力进行测度。

3.3.3　信息基础设施的信息通达性

信息区位（cyberspace，CP）研究方法着眼于信息基础设施的空间分布不均衡，假设物理设施代表了区位之间的信息传输，使用有形设施来分析“无形”城市间的信息传输。CP 方法研究的是存在于卫星、电话、计算机、传真、信用卡、光纤网络和其他信息通信网络中的必不可少的信息，其出发点是物理点之间的实际联系，被定义为“互联网的物理结构”（Devriendt et al.，2008）。目前多数信息通达性的研究建立在这种方法上。

Wheeler 等（1999）等定义信息通达性是网络的连通性和节点的可达性，并最早采用拓扑学方法分析美国商业互联网的骨干网络，测评骨干网络的信息通达性。Gorman 等（2000）在此基础上改进方法，分析了美国主要接入网的空间结构。Grubesic 等（2002）研究了光纤骨干网络 POP（poss office protocol），注意到这些节点主要集中在大型城市；分析了互联网的数据，显示出美国信息流在进入和退出连接上不均衡。基于以上研究文献，本书认为信息通达性指的是空间单元在信息传输网络中的网络接入度、信息传输和接收的便利度。

对信息通达性的研究，主要从光纤网络结构的视角出发。世界城市之间联系和关系的数据支撑很难获得，尽管城市属性信息广泛存在，如人口、产业机构，但不存在实际刻画信息流量、人流和物流的实际数据，尤其是信息通信流。一部分学者用空运数据来衡量世界城市之间的联系度（Keeling，1995；Smith et al.，2001；Zook et al.，2006；Derudder et al.，2007）；另一部分学者用信件、包裹和货箱流量（Mitchelson et al.，1994）；在更多情况下，城市之间的信息流研究建立在互联网骨干连接和可用带宽上。Tranos 等（2009）的研究着眼于基于城市之间互联网骨干网络连接的欧洲城市网络，使用网络分析工具、中心测量工具及集群分析，剖析了欧洲城市在世界和欧洲经济体系中的重要性。Barthelemy 等（2003）检验了法国 Renater 网络的数据流，检验了三个路由器及其相应城市区位的原点-终点流，发现主要的数据流发生在少数路由器之间，而网络其他节点上的发生数据流可以忽略。Huh 等（2003）使用韩国 NowCom 网络的数据流研究网络结构，使用超链接和总体流数据区分城市间的分工。Devriendt 等（2008）使用混合方法，同时使用超链接和互联网交换节点流量来分析城市之间的关系。Barnett 等（2005）获取了 63 个国家的宽带连接数据和 47 个国家的网站数据，通过网络分析方法检验了互联网的结构，发现美国是网站链接网络中心国家，在宽带网络上也处于领先地位。Moss 等（2000）认为互联网对地理研究者提出了一个重要挑战，认为目前缺乏关于先进通信技术地理扩散的知识；其研究着手于都市间的连接，发现七个相互连接较高的都市区主宰了信息空间；美国部分大城市实现了 IT 导向，但内部地区经济不发达城市没有跟上信息化步伐，这意味着互联网可能加剧地区发展差异，而不是均衡化。Devriendt 等（2010）认为数字电信流和物理实体流为学者提供了研究城市之间经济联系的指标，但先前的研究依赖于电信流的测量方法由于数据的缺失被束缚了。他同时研究了城市在互联网骨干网络的接入性和航空流，搜集欧洲互联网数据交换点的调查数据和航空数据，对欧洲城市在互联网和航空网两个网络的区位进行比较，发现欧洲城市在这两个网络上存在相似的等级结构，但互联网中心城市的数据联系比具有同等航空流联系的互联网边缘城市大。Schintler（2005）检验并比较了美国和欧洲电信网络的特征，检验了网络拓扑结构，经济、政治和文化因子被用来解释网络结构的区别。国内学者也取得一部分基于光纤网络的研究成果。孙中伟等（2010）根据 2008 年全球互联网地图，利用网络分析方法，计算了城市节点的整体可达性和最短距离可达性；并结合带宽和连线数据，对世界互联网城市进行了等级划分；借鉴 O'Kelly 的方法测算世界互联网城市网络节点的可达性，研究表明影响世界互联网城市节点整体可达性和最短距离可达性的关键因素略有不同；世界互联网城市等级体系是建立在原世界城市体系上的一种新等级，其受节点网络功能、世界金融中心地位、国际航空交通运量，以及 GDP 和综合竞争力等因素影响。本书借鉴基于光纤网络的研究方法，进行信息通达性的评价。

第 4 章　信息时代商务服务业空间分布的影响因素

4.1　影响商务服务业空间分布的 IT 因素

随着 IT 破除了传统空间因素和物质因素对区位主体空间行为的制约，新的时空距离发生改变，信息、技术和知识成为服务业区位的影响因素。部分学者认为 IT 预示着城市中心作为信息交流聚焦点将会慢慢消失，并声称 IT 将给空间组织带来彻底的变革，就像火车和汽车在工业年代的变革一样。部分学者持另一种观点，认为区位和 IT 的联系十分复杂，面对面的交流仍然是聚集的主要力量。Marshall 等（1995）认为 IT 的发展不仅没有削弱生产性服务业空间集聚的趋势，相反，向大都市集聚可以增强其管理、控制和技术创新的能力。Esparza 等（1994）、Gaspar 等（1998）则认为 IT 革命对生产性服务业的空间集聚产生了重要的影响，IT 促使某些产业和部门离开集聚区的同时，也增加了另外一部分行业和部门频繁接触的必要性和可能性。

因此，IT 发展对服务业的空间集聚产生了双重影响。一方面，IT 革命从根本上改变了企业获得和交流信息的途径与手段。企业不再受到传统媒介的抑制，可以无障碍地在任何地方获取自己所需要的信息，传统区位特征将不再显著。但 IT 在促使某些产业和部门离开集聚区的同时，也增加了另外一部分行业和部门频繁接触的必要性和可能性。服务业不同部门对面对面交流的需求不同，IT 对其产生的影响也不同。对某些信息侧重编码、容易标准化、不确定性较低及单纯接受指令的行业或部门，面对面交流的需求并不强烈，在 IT 的影响下，其为了避免集聚不经济极有可能改变传统的空间集聚方式。对侧重隐性知识、创新要求较高、风险或不确定性大的行业或部门，面对面的交流仍然重要，IT 和这些行业部门往往是互补的关系，这些服务业在空间上仍表现出高度集聚性。因此，IT 并不是单方向导致服务业分散或集聚，而是使得服务业的布局模式变得更加复杂。

信息传输的整个过程包含三个环节，即信息源对信息的生产、加工，信息以流的形式传输、接收方的相关设施对信息流进行接收。基于信息传输的整个过程，本书将影响商务服务业空间分布的 IT 因素分为三个部分，分别加以描述。

4.1.1　信息源

商务服务业具有高创新性特点，因而对信息高度依赖，区位选择倾向于接近信息源和信息基础设施，并形成高度的空间集聚。IT 导致信息空间内新区位因素不断出现，如对信息源的易达性、创新环境等。Illeris 等（1995）认为，信息源是生产性服务业的重要区位因素。对不同空间层次上的区位选择而言，影响因子的重要程度也有所区别。Wu 等（2014a）和 Li 等（2015）认为，信息资源的空间分布对区域产业集聚、创新产出和可持续发展有正向影响。赵群毅和周一星（2005）认为宏观层次上，商务服务业企业进行区位选择时更多考虑的是与接近性相关的因素，如接近客户市场、特定劳动力市场、信息源等，因此商务服务业倾向于在大都市区集聚。而在都市区内部，商务服务业企业在进行微观区位选择时，交通通达性（包括停车场设施）、区位影响力（知名度）、用地条件、成本因素（工资、租金等）则显得更为重要，而接近客户市场、接近信息交流中心等因素却很少提及。张文忠（1999）认为，以企业为对象的服务业、具有事务所职能性质的生产性服务业，追求都市区的信息灵通、经济、技术交流广泛、拥有更大的市场需求等优势。

信息被分为标准化信息和非标准化信息两类，标准化信息是指可传播、复制，并能被人们如实理解和掌握的资料；非标准化信息指的是不能被如实获知的资料，具有高度的不确定性，这种信息往往意义含糊、难以理解，具有广阔的文化和社会背景。因此，尽管信息科技影响深远，但人们不可能完全摆脱地理因素的约束，信息的不对称性质使商务服务业需要更接近信息源。

4.1.2　信息流

以 Sassen 和 Castells 代表的世界城市理论学者认为，想了解现在全球经济社会下城市相对位置，必须对 IT 和城市网络进行分析，强调用从信息流的角度来解释全球城市体系的需要。Grubesic 等（2011）认为由于 IT 是当今全球化的关键推动力，城市间信息流的问题变成了研究城市等级体系的中心。全球新的网络结构能够将相互分离的区域个体联结成一个独立的区域实体，在网络空间中，距离一般用心理距离来体现。发展范式产生转变，使地理空间面临再造，传统地理时空思维将予以重构。在位空间中，地区优势主要建立在地区资源和某种邻近性的基础上；在流空间中，相互分离的地区以一种新方式综合，网络结构、流动性和地区势能将起主导作用，地区优势通过这种较高程度的综合而发生改变，它更多地体现在对变化产生的灵活性和适应性上。在当今流空间的全球化网络结构中，地区优势表现在两种情况下：处于信息流的地区将获得优势并创造价值和获取财富；脱离了该信息流的地区将丧失优势。在这个过程中，地区间的联系基础和地区天资共同决定着地区是否可以获得优势。例如，地区在信息网络中的地位，以及由此而引起的生产要素流动的集聚与扩散条件，直接决定了一个地区的优势。

由此可见，在网络化、信息化、虚拟化的流空间，各种新型的重要布局因素，如非物质性的知识、文化和技术等在空间上的扩散十分有效，使得对区位选择的距离性要求降低，它叠加到传统的地理因素对区位的决定之中，选择余地增大。流空间继承了位空间的许多特性，又增添了网络空间中的新元素，为区位选择提供了新的逻辑关系。同时，流空间也增强了某些特定地区的优势和信息流动，产生新的地区优势。商务服务业是知识密集型服务业，对信息较为依赖，尤其是有些部门需要大量的即时信息，以随时把握市场行情和客户需求。因此可以肯定，信息流对其空间布局会产生一定的影响。

4.1.3 信息基础设施

互联网并不是一个乌托邦式的每个人都可以得到的公共产品（Gorman et al.，2000）。光纤电信骨干网在全球铺展，但并不意味着电信服务是全球普遍存在的，也不意味着先进的通信服务是全球同质的。实际上许多国家，包括美国都存在明显的数字鸿沟（Grubesic et al.，2005）。因为尽管互联网是一个开放的通信世界，但受到基础设施、用户需求、政府管制、市场规制等的约束，也存在不同的集中度（Kellerman，2002）。不同连接水平造成了信息流和互联网连接的全球两极分化景象，带来群岛经济。更高信息通达性的城市从作为信息流、物流和人流的节点获得了巨大的经济收益，而许多地区缺乏信息通达性，变成信息世界的经济边缘。有些地区的通信通达性更加可靠，内容更丰富，有更多的经济活动和更多使用者（Dodge et al.，2000；Zook，2005）；另一些地区却因为交通拥挤、缺少铁路或机场、没有足够的光缆容量，或者软件防火墙和审查系统，比其他地区显得更加偏远（Graham，2008）。尽管现在世界大部分地方都有高速光缆网络，几乎都被高速航空网络覆盖，但其中一些地方享有比其他地方更大的通达性，或者说比其他地方更具中心性；而另一些地方数以百万的人们居住在机场或光缆旁边，但买不起机票或者笔记本，比其他地方更加边缘化。

对互联网基础设施的城市特征的研究，认为互联网物理层被定位在需求所在的地方，而需求主要集中在大城市（Priemus，2007；Tranos et al.，2009）。Sommers 等（2003）论述了一些美国大公司在选择城市之前需要考虑通信基础设施的案例，认为数字通信设施的范围和质量，是测试城市之间数字关系的一个重要工具。Tranos 等（2009）认为互联网基础设施在欧洲分布是不均衡的，并试图解释决定欧洲互联网空间分布的因素；他使用主因素分析和回归模型检验了社会经济变量对互联网空间分布的影响，包括城市知识集中、运输节点和高连接性。Hackler（2003）检验了两个都市区之间电信基础设施与高科技产业增长之间的联系，结果显示有更大通信能力的城市对高科技产业有更大的正向增长作用；他认为需要区分产业来研究生产流程和服务对通信作为区位因素的敏感性；信息基础设施对高技术行业的吸引度对城市来说很重要，本地政策制定者需要合适的电信政策来吸引高技术行业。

同样，对于商务服务业来说，信息基础设施的分布也非常重要。商务服务业选择定位于大城市很重要的一个原因，是只有最大的城市才能提供企业成功运营世界范围内分支机构所需要的服务、能力、基础设备和连接性。

4.2 影响商务服务业空间分布的传统因素

4.2.1 经济水平

服务业更倾向于集聚在经济发达的地区，在经济增长速度较快的城市发展比较快（Beyers et al.，1985）。例如，欧洲各国 70%以上的生产性服务业集中在各国首都，首都和一些经济较为发达的大都市区生产性服务业区位熵大于 1，非都市区生产性服务业区位熵小于 1（Illeris et al.，1995）。张文忠（1999）从经济区位论的角度出发，研究了不同类型服务业区位，认为以企业为对象的服务业、具有事务所职能性质的生产性服务业，追求都市区的信息灵通、经济、技术交流广泛、拥有更大的市场需求等优势。胡霞（2007）基于新经济地理理论，从地理因素角度探寻地区服务业发展差距的原因，发现经济的集聚程度对服务业的生产效率有显著的正向促进作用，企业越密集，经济活动越密集，服务业的生产效率就越高，当地的服务业发展水平就越高。由此可见，商务服务业倾向于在经济水平较高的地区集聚。

商务服务业伴随社会进步经济发展社会分工进一步细化而发展，是社会经济发展到一定阶段的产物。要发展商务服务业需要较高的经济发展水平，只有具有较高的经济发展水平，国家或地区才能持续快速发展，居民收入水平才能稳步提高，居民消费结构才能逐渐升级，从传统的基本生活消费向资本积累和享受型消费转移。据经验数据，随着收入水平的不断提高，农业比重呈现出下降的趋势，工业比重则大致呈“U”形结构，而服务业比重在人均GDP1000美元以前则明显存在一个振荡期，在达到1000美元以后才出现稳定上升趋势。服务业比重上升与工业比重趋于下降的拐点在人均GDP1000美元左右出现。可以看出经济发展水平决定了商务服务业需求水平，同时也决定了商务服务业的发展水平。当经济活动的全球扩散和全球一体化促进经济活动高层管理与控制逐步空间集聚时，一些基础设施和区位条件好、能级水平高的大都市就成为各种要素集聚的节点。国际化大都市的集聚功能、管理功能、服务功能和创新功能通过服务业，特别是商务服务业来实现。城市的商务服务业越发达，就越具有区域性和跨区域性的城市服务功能。商务服务业高度集聚于国际化城市，更集中于国际化城市的中心区域，是现代化国际大都市的产业结构的重要组成部分。

近年来，我国的商务服务业迅速壮大。国内的经济热点区域，如环渤海经济圈、珠江三角洲经济圈、长江三角洲（以下简称长三角）经济圈等，商务服务业发展处于全国领先水平。其中，环渤海经济圈的核心区域北京、天津，商务服务业尤其发达。对促使生产性服务业集聚的因素进行分析，结果表明，劳动力、技术、交通、信息等比较优势，协同效应、溢出效应，市场规模、经济环境、政府政策等众多因素都会影响商务服务业集聚。而国际大都市或城市中心区在上述方面具备一定优势，是商务服务业集聚的首选地。

4.2.2 本地市场

本地市场也是影响商务服务业空间分布的重要区位因素。Scott（1988，1998）是率先将“服务业集群”概念化的学者，他认为服务业集群追求的主要是外部联系和劳动力市场。商务服务业集聚的形成需要一定的过程，当自然禀赋、人力资源、市场条件、环境等各个方面都达到一定的标准后，才可促进现代服务业的集聚形成和发展。Lundmark（1995）发现瑞典的计算机服务业在地理空间扩展大部分是出于客户接近策略。Coffey等（1991）从生产性服务业的产品特征出发，指出生产性服务业产品具有非标准化、易于取得外部资源、临近市场的特征。Michalaket 等（1993）总结了生产性服务业在都市中心区所具备的优势特征：接近消费者；易于获得市场、生产者、竞争者信息；接近互补性行业；交通优势；专业技术人员的集中地区；临近企业总部。国内学者蒋三庚等（2007）认为，从地租理论看现代服务业区位选择，城市内各种经济活动的区位选择的主要依据是距离与成本的关系，是以成本最小化为原则的。陈建军等（2009）以新经济地理（new economic geography，NEG）理论为基础，并结合生产性服务业特性，建立了一个“要素-空间-城市-制度”的四维分析框架。研究表明知识密集度、信息技术水平、城市和政府规模对生产性服务业集聚有显著的影响。但是他没有具体分析本地市场效应这一集聚机制。

NEG 的本地市场效应从需求的角度解释产业集聚，但 NEG 研究多集中于制造业集聚。服务业比制造业具有更显著的空间集聚特征（Daniels，1985），生产性服务业也存在本地市场效应，更依赖于本地市场的容量（Illeris et al.，1993）。生产性服务业企业的区位选择会偏好于对其生产的服务产品需求大的地区，即制造业部门多的地区，这里会为生产性服务业企业提供巨大的本地市场。接近大市场可以节省贸易成本，并且众多生产性服务业企业都选择这一区域而产生集聚，还可以实现规模经济（Wu et al.，2014b）。所以，当广义上的运输成本或贸易成本达到某段区间时，企业向市场规模大的区域集中，产生本地市场效应，而且这种集聚过程一旦开始便自行维持下去。

服务的面对面接触需求及服务产品的无形性使得市场需求成为服务企业存在和发展的内在驱动力，因此，与制造业相比，土地不再是决定服务业区位布局的最主要因素。市场需求、潜力和范围因素（消费者人口总量与密度、构成、居民收入与消费水平、人流量和市场范围与潜力等因素）和外部竞争等社会经济因素变得越来越重要。本地市场效应作为一种集聚力，吸引生产性服务业企业向市场规模较大的区域集中。当生产性服务业企业向某一区域集聚时，这一区域的服务产品种类和数量会更加丰富，服务产品作为制造业的中间投入要素，会吸引对服务产品有多样化的需求的外部制造业厂商进入该区域。制造业企业数量的增多又带来市场规模的进一步扩大，加强本地市场效应，加剧生产性服务业集聚程度。这样不断地自我强化，形成循环累计因果关系的正反馈机制。生产性服务业的本地市场效应可以简单总结为，生产性服务业市场规模的变化导致生产性服务业生产活动的转移，生产性服务业生产活动的转移反过来刺激制造业生产活动的转移，带来生产性服务业市场规模的进一步变化，循环往复，生产性服务业集聚丁该区域。

4.2.3 区位通达性

Hansen（1959）首次提出了通达性的含义，将其定义为交通网络中各节点相互作用的机会大小。魏后凯（2006）则认为通达性是指某特定位置的交通运输条件，包括移动的距离、时间及所涉及的费用。Hoover（1948）认为服务业在空间分布上会受到交通成本、劳动力、办公租金及其他空间因素的影响。Marshall 等（1995）的研究较好地反映了生产性服务业区位选择的决定因素，主要包括接近相关、易达性相关和环境相关三种类型的因素。其中，与易达性相关的主要因素是交通设施、信息基础设施的通达性和合格的职业的易得性。李翠梅等（2005）通过实地调查后，认为上海办公区位主要集中在五个办公中心，并认为影响因素包括政府政策、城市规划、配套设施、交通状况、历史等。

传统研究认为，生产性服务业通常分布于城市中心，原因在于中心拥有最好的交通通达性及充分的劳动力市场，能够获得最大的外部效益；能够降低面对面交流的费用，进而更好地获取信息。可靠的城市间运输、良好的国际运输联系及高质量的当地运输，对现代高技术产业是特别重要的。Nelson（1986）对旧金山的研究发现，办公区位具有一种持续的郊区化趋势，原因在于郊区拥有更为便宜的租金、特定的劳动力市场、良好的环境、完备的办公设施、交通的通达性和停车场及空间扩张的可能性等条件。Hessels（1989）对阿姆斯特丹、海牙、鹿特丹、乌得勒支四个城市 737 家商务服务机构进行研究，发现 57%的企业发生过迁移，主要是迁往郊区，并认为郊区宽阔的空间、良好的通达性和停车场设施等所产生的吸引力与城市中心的衰落、办公环境的制约所形成的推力，共同促成了办公郊区化的产生。Beyers（1993）认为接近客户、交通、通信通达性、办公楼成本、公司决策者的个人爱好、劳动力的整体素质是服务业主要区位因素。

从已有的通达性的研究来看，多数学者集中在区位选择行为的影响因素方面，对于通达性如何影响都市内部服务业空间结构的研究较少。

4.2.4 知识溢出

知识溢出是指知识的非自愿性扩散，是经济外部性的体现。在产业集聚机制的理论方面，大都以 Marshall 的集聚理论为基础，认为集聚的根本动因在于获得外部经济。Pinch 等（1999）指出知识密集型集聚活动的持续增长，主要源于集聚使知识密集型企业较易获取当地化的缄默知识及外溢知识。Kolko（2000）从多个服务业共同集聚的角度解释了服务业集聚原因，他认为促使服务业形成共同集聚的动力在于产业之间的知识外溢和产业之间的直接贸易关系。Shearmur 等（2008）研究表明，劳动力市场、协同效应、溢出效应有利于解释 20 世纪 90 年代以来加拿大高等级生产服务和知识密集商务服务业的区位选择问题。国内学者李文秀等（2008a）指出服务业本身具有的多样化资源基础、高知识和信息依赖度、较强产业关联性、较强知识溢出效应和聚集经济等产业特性，决定其有集群化发展的必要性。代文（2007）运用生态学的原理深入研究现代服务业集群形成机制、成长路径和发展模式，他认为现代服务业集聚内生机制主要表现在学习效应、知识溢出和创新欲望，而外生机制主要表现在规模经济、市场机制和吸聚效应。

知识按照其获取的方式不同，可以区分为显性知识和隐性知识。显性知识的扩散主要通过大众媒体，隐性知识扩散必须通过面对面的交流，因此，隐性知识的传播成本是距离的衰减函数。集聚内由于空间接近性和共同的产业文化背景，不仅可以加强显性知识的传播与扩散，更重要的是可以加强隐性知识的传播与扩散，并通过隐性知识的快速流动进一步促进显性知识的流动与扩散。由于知识的累积性，知识溢出的动态过程使集聚中知识存量不断增加，从而产生更多的知识溢出，进而形成现代服务业集聚持续的竞争优势。

具有相关性或互补性的现代服务业在特定地区的聚集，有利于新知识、新技术行业发展的相关信息在企业之间传播和应用。因为通过企业间的正式和非正式交流，信息在当地流动比远距离流动更容易。社会经济活动在空间的集聚大大方便了信息的交换和技术扩散，这样就产生了技术知识外溢效果。技术知识外溢性能够减少企业信息的收集成本。现代服务企业所提供的服务具有高知识含量、高技术含量的特征，这种专业性的知识和技术更新换代的速度较快，所以现代服务业集聚区所具有的技术知识外溢效应的存在也是吸引现代服务企业不断集聚的原因。

由此可见，对于商务服务业，拥有快速适应外界变化的外部联系和劳动力市场关系网络十分重要，因而商务服务业高度重视空间集聚对获取专业和市场知识的重要性。

4.2.5　产业链

脱胎于制造业的现代生产性服务业，可以降低服务业投入成本和提高投入品质，并且有利于制造业的专业化和精细化。Selya（1994）指出，生产性服务业本身是经济发展的推动力之一，同时能够提升制造业竞争力、实现城市内部制造业空间重构。Tomlinson（1997）利用英国1990年的投入产出数据，发现商务服务对于制造企业部门附加值方面的贡献非常显著。Guerrieri等（2003）选取了六个具有代表性的OECD国家，运用统计数据进行了实证研究。结果表明，制造业部门是商务服务业的主要需求部门，同时决定着商务服务业的发展程度及其国际竞争力水平。

随着经济全球化加速和信息技术迅猛发展，服务投入在制造业中间投入中所占比重越来越大，生产性服务业对制造业技术创新、产品创新的引领作用日趋增强。“无形服务”对制造业生产流程的主导作用、服务链对制造业产品链的渗透作用日益增强。高端制造业的发展，需要有专业化的、高级生产要素的投入，即需要高端的生产性服务业与之匹配，而高端的生产性服务业发展，反过来也取决于高端制造业对其的需求。随着经济规模特别是制造业部门的扩大，对服务业的需求迅速增加，同时也提高了制造业部门的生产率；反之，服务业部门的增长依靠制造业部门中间投入的增加。一个地区内生产性服务业的发展，能提高该地区制造业的竞争力（Glasmeier et al.，1994）。

Hansen（1959）对丹麦制造业企业的调查发现，在后福特式柔性的知识技术主导型生产体系中，生产性服务业和制造业相互融合，无论是作为制造业内部的某个部门，还是独立的企业，在扩展劳动分工、提高劳动生产率及人均收入方面都发挥着关键作用。国内学者高传胜等（2005）研究表明，以上海为龙头的长三角能够实现国内其他地区难以实现的制造业大量集聚与良好发展，是由于上海相对发达的生产性服务业的支撑作用。多数制造业企业愿意通过外部市场来购买专业化的生产者服务，而不愿意进行内部自我提供，其主要原因在于外购可以节约劳动力成本并能促使服务业进行专业化生产。

4.2.6 政府区位

政府也是影响商务服务业空间分布的重要影响因素。Daniels（1985）认为信息技术的进步、服务业跨国公司的形成与发展、政府战略的扶持等共同促进了服务业的可贸易性和国际化。Alexander（1979）对伦敦、悉尼、多伦多等城市的事务所进行调查发现，企业经营者追求集聚的目的主要包括同政府机关接触，接近顾客等。蒋三庚等（2007）根据新宿CBD的具体情况从产业集聚效应、基础设施和环境、城市印象、交通与通信的角度分析了新宿现代服务业和文化产业集聚，认为集聚的原因之一在于新宿政府提供的管理和服务。薛玉立（2008）运用钻石体系模型从需求状况、要素条件、企业战略、结构与同业竞争、产业群、机遇、政府政策方面分析了京津地区商务服务业集聚形成机理，认为政府政策对商务服务业集聚有显著影响。

行业发展信息来源有三方面：第一，从政府相关机构行业协会等公共服务机构获取的行业发展信息；第二，从竞争对手处获取的技术知识管理发展战略等方面信息；第三，从关联产业支撑产业大客户处获取的行业发展信息。政府行为对生产性服务业集群的形成发展具有很重要的作用。在生产性服务业集群发展中政府通常在规划设计招商引资、基础设施建设等方面有所作为。从国内外生产性服务业集群发展实践可以看出，传统生产性服务业集群的形成最初都是由市场规律所决定，但随着生产性服务业集群的进一步发展，传统生产性服务业集群产生了许多问题，如交通堵塞、租金飞涨、空间狭小等，已经不能适应城市经济发展的需要，这时通常有两种政府行为出现：政府对原中央商务区进行改造改善其生存环境，完善基础设施，使传统生产性服务业集群重新焕发出生机；或规划建设副中心，并通过政策引导吸引大批的企业入驻，从而减缓了城市中心的压力。

Sam Dck Park 等（1998）分析了汉城服务业集聚的演化。20 世纪 80 年代随着制造业从汉城城区向郊区扩散，生产性服务业开始在汉城中央商务区逐渐集聚，形成以中央商务区为单一集聚核心的模式。随着 80 年代后期政府对汉城生产性服务业空间和部门的重构，以及中央商务区的重新布局调整，汉城生产性服务业的集聚逐渐演化成一种“多核心”的局面，Kangnam 和 Yoido 成为汉城生产性服务业的新集聚区，中央商务区只保留着那些规模较大而且成立时间较久的生产性服务企业所形成的集聚区。Sam 的分析表明，汉城服务业集聚的演化主要是在政府相关政策的引导下产生的。

4.3　IT 能力视角下商务服务业空间分布

4.3.1　IT 与商务服务业模式变化

20 世纪 90 年代以来，信息通信技术应用领域不断扩大，技术竞争逐步加剧，第二、第三产业融合趋势不断增强，商务服务范畴更加广泛。加速发展的信息技术，刷新了传统商务服务概念，改变了服务的对外交互方式及服务后台信息的收集与处理，创造了现代商务服务新概念，服务的接触半径及可交易性得到了很大的拓展和提高，由此衍生出的新服务模式与服务种类融入到实际应用中，如带有共性通用功能的信息服务平台、技术服务平台及商务服务平台。由于新技术的升级与运用，在原有传统商务服务业的基础上融入了电子商务的特性，服务平台对于信息的处理与应用更加强大和专业化，以此提升了服务的质量与创新性。

在信息技术的支撑下，现代商务服务业呈现明显的电子商务特征，即数字化形态：与商务服务相关的各种信息都以数字形式被采集、存储、处理和传输。这使得商务服务中的商品流、资金流和信息流都能够在计算机网络中迅速传输，形成“三流合一”的商务模式，大大减少了中间投入。相比传统的行业形态，现代商务服务业具备三大特征：无纸化、信息化、高效化。

现代商务服务业虽然拥有信息化的服务提供方式，但是其与传统形态也并没有完全脱离，作为一个人力资本密集、智力密集的行业，一部分业务运作还是依赖于保留下来的传统形态，所以目前行业中主要是线下与线上的紧密合作。发展现代商务服务业，是在网络信息环境逐渐成熟的情况下，将服务提供平台的普遍性、合理性、深入性逐个充分挖掘，以实现服务的延伸速度配合上网络的信息扩散速度。

现代商务服务业是传统商务服务业与信息技术及网络技术相互融合作用下发展起来的具有新兴形态的产业。现代商务服务业以网络虚拟服务为基础，运用电子商务手段，提供比传统商务服务业更广阔的服务半径、更高的企业运营效率、更精确的市场信息把握能力。此模式颠覆了传统商务服务业营销方式单一、缺乏信息化支撑等问题，通过利用现代科学技术及先进营销理念，促进商务服务业的快速发展。

现代商务服务业多通过网络虚拟环境提供服务，通过构建网络虚拟场景、利用虚拟技术的娱乐性与互动性提高用户的体验度，实现引导消费，主要表现为虚拟商圈、虚拟店铺、虚拟展示内容等。

与传统商务服务业相比，现代的商务服务业在信息流、物流、资金流上都依托信息网络技术上升到了新的形态。计算机和网络通信的发展将这“三流”贯穿一线，信息流在其间扮演着重要的角色，一切商务服务业活动的进行都基于信息流的展示、处理与传递。现代商务服务业在展示、宣传、咨询洽谈、支付、物流这五个外向交互模块上有变革性的变化。

1. 展示功能依托互联网，大量融入高新信息技术

传统商务服务业中，服务提供者与客户的交流往往都是面对面的，如会展

业，提供一个具体的展会中心，商家都拥有一个独立的展台，展示商品的同时买卖双方也会进行洽谈，以促成合作；旅行社服务，想要出行的商务或个人客户会通过电话或者直接到旅行社的实体门店进行相关的咨询了解，客户将委托旅行社为其订机票、酒店及安排旅行中的其他环节；法律服务业，需要法律服务的客户会去律师事务所或法律服务机构就相关的业务进行面谈；人力资源服务，通常是以人才交流市场的形式将招聘、应聘双方聚集到一个特定的招聘汇集地。

随着信息技术与网络技术的不断发展，这些高新技术的应用也逐渐扩张到各个行业中，在商务服务业最典型的体现就是改变了用户交互的方式，由线下逐渐延伸到了线上。现代商务服务业的产品展示最突出的特点就是依托互联网，充分发挥信息技术及网络技术的优势。

在基础展示部分，信息的展现形式打破了地域的限制，缩短了服务提供者和服务使用者之间的距离。以人力资源服务和法律服务为例，信息技术和互联网的发展使得人力资源和就业服务行业的进入门槛有所下降。专业人力资源服务借助互联网可以更加迅速便捷地发布招聘、求职信息，同时，招聘公司可以在互联网上公布求职信息，求职人员也可以通过互联网在线应聘或通过电子邮件求职。作为知识密集型的法律服务业，则建立起法律服务电子商务平台，引进电子商务运营模式及相关技术，对律师与客户间的信息沟通方式进行创新，对海量法律信息进行专业化梳理以便查询。目前典型的法律服务电子化平台主要充当两种角色：第一是搜索引擎，搜索结果为法律知识，该法律知识通过技术手段形成一整套解决法律问题的思路和方法；第二交易平台，法律服务需求者与法律服务提供者通过竞价、拍卖的方式产生合理的法律服务价格，再通过面对面、一对一的方式进行线上和线下服务。

与将服务商品以文字的形式罗列在互联网上不同，服务产品的高级展示部分主要表现在会展业上。同样，会展业也有基础展示的部分，主要是通过一些结构简单的会展网站来实现，如中国网交会平台大部分由平面静态的网页拼凑而成，以文字叙述辅以图片，动态的图像和声音展示都很简陋，而且整体建设缺少互动、不够直观。而高级展示的主要形式是上海世博会后逐渐引起广泛关注的虚拟会展。虚拟会展的重点在于，利用网络的虚拟空间来完成展览及贸易的功能，为强化用户体验，以三维虚拟技术实现立体互动。包括展览的组织、展出及相关活动在内的各个环节都用电子化的形式展现，这才能看作对实物展览会的虚拟，身在其中的组展者、参展商和观众三者的交流都是通过计算机和互联网络进行的。目前，国内大型会展公司、展馆及会展活动都有各自独立的网站，及时发布更新展会情况信息，虚拟会展就是在此基础上更高端的平台。

2. 服务宣传半径不再受地域的限制，精准性得到很大的提升

传统的商务活动中，商品交易的市场规模和范围具有有限性，而在电子商务环境中，由于商务信息可以迅速传递、流转于商务主客体之间，供应商和消费者之间的距离被无限缩短了，突破了交易的时间限制和空间限制，交易的范围也从区域性小市场走向全球化大市场。线上旅行社、电子法律平台、人力资源服务网站、虚拟会展，这些从传统商务服务形态过渡成为电子化形态的产业都在上线之后扩大了服务延伸的范围。另外，激烈的市场竞争也让各个产业在扩大经营范围的同时更加注重服务的精确性及个性化。

广告业是商务服务传播的精准性与个性化的最直接的表现，由于信息技术、互联网的发展和媒体形式的日益多样化，广告服务市场分布更加分散化。电视、收音机、电影、杂志、报纸、电子游戏、互联网和公告牌等媒介均可传播广告信息，广告的形式也日趋多样化。广告业态的多样化在一定程度上削弱了广告业市场的竞争程度，因此广告商为了在广告市场上占有一定份额，不断采用先进技术和方法去跟踪和分析大众的消费行为和习惯，从而还延伸出定位精准的移动互联网广告的新模式，而这些模式也同时成为其他商务服务业传播宣传的重要载体。

相对于传统媒体形式，互联网广告，特别是移动互联网广告具备了精准营销的先天优势：第一，手机在使用时，通过手机身份（identity，ID）定位更精确；第二，结合智能手机触屏播放、晃动播放等特点，广告展现形式丰富多样，互动性更强，用户的参与度更高；第三，手机广告以更具体的独立用户为核心；第四，手机媒体可获取的用户信息很多，因此宣传内容与受众的匹配度很高。与此类似的其他商务服务业，也是更加贴近用户的实际需求，有针对性地推出相关服务。

基于互联网的现代商务服务业在广告宣传上具备了传统模式不可比拟的传播形态多样性、目标受众精准性。现代的商务服务业更多地结合了用户的实际需求，细分了用户类别，针对不同种类的用户推出不同的服务产品组合，在很大程度上深化了服务的延展性和持续性。

3. 咨询和交易洽谈方式日益丰富，数据挖掘空间增大

现代商务服务业的一大进步是对信息资源的开发利用。在用户界面上，这种跨越式的发展主要体现在用户调查、评论功能、共享论坛、客户服务四大方面。

以旅行社服务为例，目前主要存在三种模式的线上旅行服务：一是以悠哉旅游网、途牛旅游网为代表的专注于旅游度假产品的互联网旅行社；二是以携程网、艺龙网为代表的着重于机票、酒店预订的旅行社网站，侧重于商务旅行服务；三是以去哪儿旅游网为代表的对机票、酒店、度假和签证等信息进行整合，为用户提供旅游产品价格查询和信息比较服务的旅游垂直搜索的平台。

用户可以在网络旅社平台上参与某些特定主题的投票；对每种业务进行公开公平的评论及打分；在共享论坛里找到相关旅行攻略信息等；除掉传统的电话咨询方式外，在线网络旅社有专门的常见问题解答版面，也有即时通信客服功能，以多元化的交流方式为客户提供便捷精确的服务。

与传统旅社不同，在线旅社与用户进行信息交互的形式丰富了许多。这种交互形式一方面改变了用户获取信息的方式，提高了服务感知；另一方面也改变了旅社对用户信息的采集及处理，旅社将拥有更多一手客户信息，可运用于改进现有业务及推出新的创意方案。

4. 支付方式衍生出电子形态

伴随着服务延伸范围的扩大，服务的可交易性也逐步提升，区别于传统的支付方式，电子支付以方便、快捷、高效、经济的特点极大地改变了银行与客户、消费者与商家之间的交互方式。在信息网络技术的基础上，现代商务服务业的延伸范围和交易性是互为前提、互相促进的，电子化的交易提升了整体效率，服务范围的扩大也同样提升了电子化交易的迫切性。

5. 物流实现信息可追踪，实时快捷

商务服务业作为一种以生产者为服务对象，作用于资产的无形服务，也涉及一定的物流传递活动。交易货款支付了之后，商家需要将客户所订购的货物尽快地“传递”到客户手中。对于以实物形式提供的商品，商家既可以通过其销售网络的分销系统，也可以运送或邮寄的方式委托有关货运公司或邮政部门，目的都是将商品送货上门。对于客户，则通过信息网络来及时了解商品的物流信息。对于一些信息产品，能通过网络提供对等网络（peer to peer，P2P）式的，从商家一端到用户一端的、直接实时的全过程服务，最适合在网上直接进行传递，如软件、电子读物、信息服务、数据库检索等。

结合以上论述可以看出，现代商务服务业的服务体系是以信息技术、网络技术为技术基础，以电子认证、电子支付、现代物流为技术实现来保证业务高

效安全地执行，以信息发布、信息检索、咨询服务为业务应用，来体现基于现代信息技术的外向交互。

4.3.2 IT与商务服务业空间分布的新问题

自19世纪末、20世纪初以来，产业空间分布的发展演化一直是经济学家们所关注的研究对象。Marshall的外部经济思想提出三种产业空间集聚向心力，即劳动力市场共享、专业化投入和服务、技术外溢。发端于20世纪90年代的新经济地理学（new economic geography，NEG）打破了新古典区位理论关于完全竞争的假定，在生产要素的收益递增及市场的非完全竞争结构的假定下研究空间问题，强调需求、外部经济、产业地方化和地方专业化对产业空间分布的推动作用。

目前对经济活动集聚和空间分布的研究，主要集中在制造业领域。工业区位论时代，多数学者研究制造业集聚的影响因素，包括交通运输成本、劳动力工资、土地价格、原材料及政府税收等，这些是成本驱动型影响因子。传统的集聚理论中没有较成熟的理论解释服务业的空间分布。例如，中心-地理模型显示运输成本在最佳区位的均衡过程中举足轻重，但由于服务业与制造业在产品、运输等方面的本质性差异，包含运输成本的相关模型无法解释服务业的集聚机制。因此，传统的分析框架与研究范式比较适合用于研究制造业集聚和空间分布的一般规律，不太适合用来分析服务业的空间分布及集聚机制。

IT的发展开启了对经济地理研究的新视角。随着IT的广泛应用，在数字化的虚拟世界中形成了一个区别于传统地理空间的新空间体系，文献研究称之为计算机网络信息空间（Devriendt et al.，2008，2011；Dodge，1999，2001），又称信息空间、赛博空间（蒋录全等，2002；卢鹤立等，2005）、网络信息空间（孙中伟等，2007；张捷等，2000）。从经济地理学的视角看，两者最大的区别在于传统的地理空间概念是以物理距离、交通基础设施和交通工具，以及有形的物质流为基础，距离是空间分布的重要影响因素；而信息空间以信息基础设施、信息资源和无形信息流为基础，在很多方面物理距离对经济活动空间分布的决定性作用已经被严重削弱（孙中伟等，2011）。因此，IT的广泛应用对产业，尤其是服务业的空间分布产生了深刻的影响，并引起了学术界的关注。但目前文献对IT影响经济活动空间分布的研究，大部分局限于信息基础设施的地理空间分布不均衡性，以及这种不均衡性对经济活动空间分布的影响（刘卫东等，2004），研究视角较为狭窄。目前对商务服务业空间分布，尤其是随着 IT 能力提升，商务服务业空间分布发展演变的机理和机制方面的研究相对缺乏。

从对商务服务业空间分布的研究成果看，宏观层面，商务服务业空间分布呈现高度集聚的特征，且大多集聚在大都市内。对“去中心化”（“去 CBD 化”）问题的研究发现，尽管土地价格、IT 的发展等原因促使城市出现“去中心化”趋势，但“去中心化”趋势具有相对性，商务服务业等高端服务业从未真正离开中心地区。但由于地租敏感性、业务类型等原因，商务服务业子部门呈现不同的区位特征。虽然商务服务业空间分布议题的研究取得了一些成果，但对于日益成熟的制造业空间分布研究，商务服务业领域的研究成果相对有限，且大多仍停留在对服务业集聚特征的统计性描述阶段，对商务服务业空间分布的一般性规律总结还不够全面、深入。因此，本书选择商务服务业为对象，对其空间分布进行研究。

在传统的区位论中，距离是影响企业选址和产业分布的重要因素。但随着 IT 的广泛应用和 IT 能力的提升，远距离通信和交通的成本几乎为零，企业的区位选择更富弹性。部分研究观点认为，现代信息通信技术使得远距离通信成本大幅减少，距离对企业不再那么重要，因此会导致“距离的死亡”和“城市的衰落”（O’Brien，1992；Cairncross，1995，1997）。另一部分学者认为，IT 并不能改变企业的空间分布规律，面对面交流仍然是企业集聚的主要动因之一，在信息社会城市的中心作用会得到强化（Beaverstock et al.，1999；Duranton，1999）。争议仍在持续，但可以肯定的是，IT 的发展使得影响传统地理空间经济活动分布的因素发生了改变，出现了一系列新的信息区位要素；同时随着 IT 的发展和 IT 能力的提升，企业空间分布的发展演变必然会出现新的特征。基于此提出本书的两个主要研究问题，具体如下。

（1）IT 能力的提升为什么会对商务服务业空间分布产生影响？商务服务业具有生产和消费在时空上的不可分性、非物化、不可存储等特点，其产品从生产到交付的整个流程显著不同于制造业，IT 能力的提升对商务服务业空间分布的影响也应该显著不同于制造业。那么 IT 能力影响商务服务业空间分布的原因是什么？其影响机理表现在哪些方面？

（2）IT 能力的提升会怎样影响商务服务业空间？即 IT 能力影响商务服务业空间分布的机制是什么样的？对不同类型商务服务企业，IT 的重要性也不尽相同，那么不同 IT 能力对不同类型商务服务业的影响是否差异性？这些差异性会导致商务服务业空间分布的发展演变出现什么特征？

4.3.3 IT能力影响商务服务业空间分布的理论模型

基于以上分析，本书构建信息空间视角下IT能力影响商务服务业空间分布的理论模型，如图4.1所示。

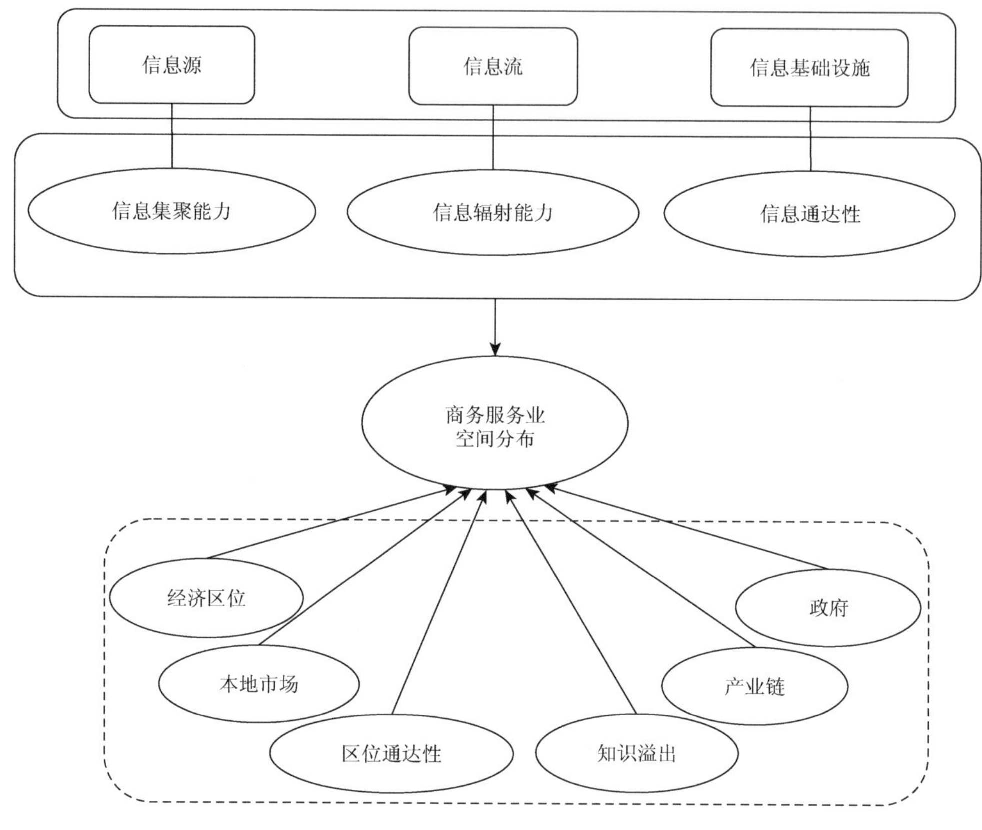

图4.1 IT能力影响商务服务业空间分布的理论模型

虚线框内为控制变量

模型研究信息辐射能力、信息通达性和信息集聚能力三种IT能力对商务服务业空间分布的影响。将经济区位、本地市场、区位通达性、知识溢出、产业链、政府等重要区位因素作为模型的控制变量。

目前国内外对制造业空间分布的研究成果较多，但对服务业空间分布的系统研究较少，尤其是对商务服务业这样新兴的、知识密集型产业的空间分布机制方面的研究涉足较少，具有较大的挖掘空间。因此本书选择商务服务业作为研究对象。IT 的发展给传统地理经济学带来了冲击，削弱了影响企业空间分布的传统地理区位要素的重要性。但目前对 IT 影响经济活动空间分布的研究，大部分局限于信息基础设施的地理空间分布不均衡性，以及这种不均衡性对经济活动空间分布的影响（刘卫东等，2004），研究视角单一，范围较狭隘，内容不够丰富，对 IT 能力提升影响商务服务业空间分布的机理和机制的全面分析还比较匮乏。基于此，本书归纳了影响商务服务业空间分布的 IT 因素，将之总结为信息源、信息流和信息基础设施，研究信息源的信息集聚能力、信息流的信息辐射能力和信息基础设施的信息通达性三种 IT 能力对商务服务业空间分布的影响。本书的研究目标包括以下几方面。

（1）在理论分析的基础上，厘清三种 IT 能力，即信息集聚能力、信息辐射能力和信息通达性影响商务服务业空间分布的机理，分析这三种 IT 能力对商务服务业空间分布产生影响的原因。

（2）从城市和街区两个层面进行实证研究，考察三种 IT 能力对商务服务业空间分布的影响，以及不同类型商务服务业的空间分布受三种 IT 能力影响的差异性，总结出 IT 能力影响商务服务业空间分布的机制。

本书研究的理论意义和现实意义在于，通过探索和揭示商务服务业的空间分布特征和区位模式，论证和阐明 IT 能力影响商务服务业空间分布的机理、动力机制；通过对上海市商务服务业空间区位分布特征的实证分析，总结商务服务业在微观空间区位选择上的一般规律，为我国城市服务经济的发展提供借鉴经验，为服务业集聚理论和服务业区位理论做出有益的补充。

商务服务业是生产性服务业的核心部门之一，也是服务经济的一个重要组成部分。当今社会商务服务业在全球经济中的地位日趋重要，对区域经济发展的推动作用越来越大。但现有研究中从 IT 能力角度对商务服务业空间分布的研究甚少，没有形成对商务服务业空间分布的系统分析，对社会实践的指导作用较为有限。我国城市目前正处于产业结构转型的关键时期，考虑到商务服务业在我国高等级区域经济，如上海和北京等大城市的发展中扮演的越来越重要的角色，当下在 IT 技术飞速发展的背景下研究商务服务业空间分布，探讨商务服务业的区位模式和空间分布的动力机制，对我国城市化进程中服务经济的发展具有一定的现实意义。

国内外对制造业空间分布的相关研究成果较多，服务业，尤其是商务服务业这样的新兴服务业的空间分布机制方面的研究比较匮乏，本书丰富了、发展了服务业空间分布的研究成果。商务服务业的自身特性决定了其有别于其他产业的区位模式和独具特色的空间分布；同时，在 IT 能力的提升等动力机制的驱动下，商务服务业空间分布模式也处于不断变化之中。因此，对商务服务业空间分布模式及其动力机制的全面系统的研究，能延伸和深化对服务业空间分布一般规律的了解，对目前服务业集聚理论和服务业区位理论是一项有益的补充。

第5章　IT能力对商务服务业空间分布的影响机理

5.1　信息集聚能力的影响机理

5.1.1　信息源的信息集聚功能

从几何学观点来看，空间是由点、线、面三种要素以不同方式组合而成的。构成现代区域空间结构，必须具备三要素：节点，即各类城镇；域面，即节点的吸引范围；网络，由劳动力、商品、技术、资金、信息流等流动网和交通运输网所组成。甄峰（2004）比较了工业化时代和信息时代的构成要素。曾菊新（1996）对空间结构中的点、线、面要素进行了组合，并给出了每种组合所对应的具体的空间经济集聚类型。

区域内点、线、面及网络之间的不同组合形成了多样化的空间结构模式。工业经济时代，经济活动空间布局主要以原材料、劳动力市场等为基础，遵循成本最小的原则。经济活动往往集聚在交通枢纽周围，从而形成经济区域或工业走廊。信息经济时代，IT的不断进步为原有的空间结构构成要素赋予了新的含义，并产生了新的空间组合模式。

在传统的地理空间，节点往往在整个空间结构系统承担着增长极作用，是区域的增长中心，其规模取决于腹地范围的大小。各级节点经济实力和职能不同导致各级节点在功能上和规模上的空间差异。中心城市处于这个等级体系的顶点，发挥着区域政治、经济、文化中心的作用。在现代信息空间中，信息流重塑了城市及城市体系。节点功能的发挥更有赖于信息和知识。流入和流出信息的种类及数量决定了城市的规模及其重要性。Zook（2001）通过图示互联网域名在全球主要城市的分布格局，提出信息社会中的全球城市体系是一种“旧的等级体系还是新的网络”的疑问。他认为信息革命的发源地硅谷使旧金山成为网络时代美国城市体系新的中心，就像铁路时代造就了芝加哥。另外，IT的发展促使区域节点从传统工业产品的生产和消费中心，向信息生产和传输、知识创新的中心转变。节点扮演着区域知识库、信息库和创新源的角色。城市逐步实现从制造业向服务业的转型，实现从传统的交通枢纽向信息枢纽转型。因此，在传统地理空间里的节点是区域增长中心，是区域经济资源集聚地；而在现代信息空间里节点是区域的信息中心，是区域信息集聚地。

5.1.2 经济空间的集聚与信息空间的集聚的差异

以 IT 发展为依托的网络发展对城市体系的重构起着决定性作用，产生了网络依附性的城市，这类城市对外依赖程度，基本劳动比例大，形成另一种类型的集聚经济：城市由原来的实体、产业、生产、资金的集聚向基于 IT 的注意力经济转变，形成另一种形式的基于信息的集聚经济。

按照新经济地理理论的观点，经济空间集聚存在向心力和离心力，两种不同的力量的对比导致经济在空间的集聚或扩散。经济集聚的离心力包括：在众多厂商集聚于该区位的过程中，随着外地厂商不断迁往该区位，厂商间的产品竞争加剧，边际收益下降，厂商利润减少，产生“市场挤出效应”；大量的消费者分散于各地，形成了众多具有一定消费能力和规模的市场，一些厂商从集聚地迁往其他区位以减少竞争，形成“需求分散效应”；大规模的厂商集聚使得本地房价和地价上涨、交通堵塞、公共资源告急，导致劳动力的生活成本上涨，本地市场名义工资率上涨，产生“要素成本效应”。

由于信息是一种独特的资源，能够重复使用，其使用不受时间、空间、语言、地域和行业的制约，具有流动性。很多信息，尤其是互联网信息，其存储和传输几乎不占用物理空间，运输几乎不需要成本，因而信息空间内信息的集聚不具备离心力。这就导致信息集聚能力越强，集聚的信息越多；集聚的信息越多，集聚能力越强的良性循环。

IT 使商品与服务的国际贸易障碍大大消除，但更重要的是知识和信息等广义生产要素跨国流动的障碍大大消除。由此构成了世界经济发展新阶段的基本特征。信息流动的目标是寻求要素在全球范围内的优化配置，但信息流动并非意味着信息会均衡地分布。恰恰相反，信息流动导致的是信息在某些国家和地区的集聚。信息集聚到一些国家或地区，使这些国家或地区成为全球经济体系中的主要生产者。全球化下的信息集聚，导致了信息在一部分国家集中的新格局，是当前世界经济体系的基础性特征，影响并决定着世界经济的运行特征。

5.1.3 信息集聚能力与企业空间分布

与传统的经济空间相比，信息空间的点、线、面结构发生了变化。信息源在信息空间中起着节点的作用，是进行信息集聚、生产、加工的地方。由于信息集聚不同于传统生产要素的集聚，其集聚不存在离心力，能形成信息集聚能力越强，集聚的信息越多；集聚的信息越多，集聚能力越强的良性循环。因而信息源集聚的信息会越来越多，信息集聚能力会越来越强。信息源是企业区位选择的重要影响因素，尤其是作为知识密集型服务业的商务服务业，接近信息源对企业更为重要。随着信息源信息的积累，其信息集聚能力越来越强，对企业的吸引力也会越来越强，直至在经济空间中达到集聚经济和集聚不经济的临界。因而信息集聚能力会促进商务服务业的集聚。

5.2　信息辐射能力的影响机理

5.2.1　信息流的信息空间辐射功能

在传统地理空间，依托一定的交通运输干线、地理位置、自然环境等并以其为发展轴，以轴上经济发达的一个或几个大城市作为核心，发挥经济集聚和辐射功能，联结带动周围不同等级规模城市的经济发展，由此形成点状密集、面状辐射、线状延伸的生产、流通一体化的带状经济区域或经济走廊。在空间上表现为地理走廊区域、沿海地带、沿江地带等，具备较大的经济辐射腹地和对象区域，包括大陆运输辐射腹地、水运航线辐射区、空运航线辐射区等。多个城市密集分布于资源相对集中的地区，其社会经济活动会消耗大量多种多样的自然资源，尤其是土地、水、生物、矿产等资源，本区及近邻地区的资源储存种类、规模、质量、可开发利用程度等，对于城市带的可持续发展有着至关重要的意义。经济要素的投入，尤其是来自区域外部的资金、人才、技术投入是城市经济带发展至关重要的驱动力。现代信息空间，信息技术的影响带来点与线的功能及形态的各自变化。随着知识、信息相关活动在区域中比例的增加，以及信息网络、交通网络对区域空间的集聚作用，新的区域空间组合出现。从信息城市、区域城市网络到全球城市体系，从信息港、信息中枢到智能区域，这些新的组合都反映了信息流对空间重组过程的重要作用，反映了信息产业、知识资源、创新在区域发展中的重要贡献，更反映了信息网络对空间结构的塑造作用将会适当地改造原有的由交通区位所决定的空间格局。Brunn 等（2001）使用搜索引擎里的超链接数据检验亚欧地区城市连接，莫斯科、伊斯坦布尔、德黑兰和北京成为亚欧城市数字连接的中心。Boulton 等（2011）使用超链接分析欧洲城市对之间的信息网络，发现伦敦、巴黎和柏林是数字联系最多的城市。

5.2.2 信息流产生信息腹地

信息腹地理论是信息利率引入金融地理学后产生的。信息腹地是指信息最集聚、获取成本最低，同时又能以最高速度和可信度流通的地区，通常表现为信息源的所在地、信息收集地及信息传播的源头。其与传统的“经济腹地”概念有差异，后者纯粹是一个经济活动和货物生产与交易的组群，而前者则是一个被智能和信息活动综合的货物和服务生产地。

信息溢出、不对称信息、国际依附性和路径依赖等因素是塑造和发展信息腹地的背后力量。大部分信息在传递过程中，都可能因为距离的因素出现失真，他将这类信息称为非标准化信息，这也是信息腹地在金融中心形成中十分重要的根本原因。根据这一思路，信息被分为标准化信息和非标准化信息两类，标准化信息是指可传播、复制并能被人们如实理解和掌握的资料；非标准化信息指的是不能被如实获知的资料，具有高度的不确定性，这种信息往往意义含糊、难以理解，具有广阔的文化和社会背景。因此，尽管信息科技影响深远，但人们不可能完全摆脱地理因素的约束，信息的不对称性质使金融部门需要更接近信息源。信息外溢表现在信息本身具有增值功能，或者说信息具有溢出效应。国际依附性衡量了一个地区对外开放程度和对外交通、通信的可达性。一个地区的国际依附性越强，其接受外来信息的频率越高，利用外来信息的能力就越强。路径依赖是指在制度选择过程中，初始选择对制度变迁具有相当强的影响力和制约力，人们一旦确定了一种选择，就会对这种选择产生依赖性，沿着固定的路线发展演进。

5.2.3 信息辐射能力与企业分布

信息流在空间上的辐射，形成了围绕节点的信息腹地。在信息空间中，处于信息腹地的地区将获得信息优势并创造价值和获取财富；脱离了该信息腹地的地区将丧失信息优势。由于信息腹地范围内存在信息不对称问题，大部分信息在传递过程中，都可能因为距离的因素出现失真。商务服务业是知识密集型服务业，对信息较为依赖，尤其是有些部门需要大量的即时信息，以随时把握市场行情和客户需求。由于信息的不对称性，商务服务业会倾向于集聚在信息流产生的信息腹地中。

5.3 信息通达性的影响机理

5.3.1 信息基础设施的信息通达性

传统地理空间中，交通网络是联系空间节点的线。在工业化时代，良好的区位意味着接近市场、成本低、临近交通线路。优越的区位条件缩小了资源流通的时空距离，扩大了社会经济辐射的范围。良好的交通网络对经济的带动作用日益重要，影响到区域内的经济和发展，改善了区域投资环境，改变沿线地区的工业布局和产业结构，整合了区域内各种经济资源，对于推动区域经济的建设有着极为重要的作用。现代信息空间中，互联网就是联系信息空间节点的线。Castells（1996）指出了网络在信息时代的重要性，认为信息时代关键的组织形式是网络；互联网为区域创造了一个开放的信息空间，信息流成为经济和社会系统的重要要素。互联网是信息时代全球最重要的信息流载体和基础设施，构建了新的社会经济模式和网络虚拟空间。信息经济的出现在很多领域重构了城市的竞争优势，成为区域发展的重要驱动力。在这些地方经济中，主导的基础设施不是高速公路、港口、铁路或航空港，而是连接全球的光纤网络。Graham 等（2001）认为不同连接水平造成了信息流和互联网连接的全球两极分化景象，造成群岛经济。更高信息通达性的城市从作为信息流、物流和人流的节点获得了巨大的经济收益，而许多地区缺乏信息通达性，变成信息世界经济的边缘（Townsend，2001）。因此，传统地理空间的线由交通网络构成，地理可达性是区位的重要竞争优势；现代信息空间的线由互联网构成，信息通达性是区位的重要竞争优势。

5.3.2 信息通达性降低通信成本

信息技术使信息可以很容易地在相距较远的代理商之间传递，因此摆脱了代理商之间原先空间的限制，大量的信息能够实时可靠地传递到任何地方，因而信息技术的不断进步大大降低了沟通成本。

信息技术带来通信成本的降低。互联网的特殊特征使得它对用户非常有吸引力。接入网络的成本很小，投入了硬件设施后，新用户可以用很少的成本接受无数的信息。信息通信价格不取决于距离，远距离没有额外费用。每新增一个用户不增加成本，而且有助于增加网络价值。更多的用户意味着更多的商业客户、更好的交流、更多的潜在信息提供者。然而新成员只有在取得收益时才决定进入网络。他们没有计算新增成员对现有成员的潜在收益。这创造了网络外部性。全球化和信息化的到来促发了新的空间问题，对信息技术作用下的空间问题的研究正成为新的热点。Fujita 等（2006）强调信息技术的发展是更好地理解新经济地理进化的因素。Rallet（1999）认为信息技术将给空间组织带来根本性的变革。

国外学者认为信息技术的发展是企业分散化行为的重要原因（Coffey et al.，1996），认为企业空间分散的目的在于充分利用不同的技术、要素禀赋和要素价格（Feenstra，1998）。Fujita 等（2006）认为信息技术的发展，以及在此基础上传输技术的发展引起的交易成本和通信成本的降低，是导致企业分散分布的一个动因。Aguilera（2003）等通过实证研究，证明了信息技术的变革及土地成本的提高使得 CBD 或中心城区对生产者服务企业不再具有吸引力。Beyers（1996）、Beyers 等（1996）认为促使生产性服务业离开中心城区和大都市的因素包括信息技术的影响、中心城区生活质量的下降和生产性服务业所具有的弹性生产特点。Wu 等（2014c）认为，信息技术带来的协调成本的降低是导致企业分散分布的一个驱动力。

新经济地理学试图将经济活动在空间的集聚和转移纳入主流经济学的理论视野，其理论基础是规模报酬递增 D-S 垄断竞争模型框架、冰山运输成本（iceberg trade costs）、本地市场效应（home market effect）。Krugman（1991）应用不完全竞争经济学、递增收益、路径依赖和累积因果关系等，发展并模型化了中心-外围理论，发展出中心-外围模型（core-periphery，CP 模型）来解释产业的空间集聚现象，并用计算机模拟的方法得出了集聚维持的稳定性条件，证明中心-外围模型可能存在着多重均衡，而集聚究竟发生在哪些均衡点，取决于偶然因素和初始条件。

与新古典经济学完全竞争的一般均衡框架不同，NEG 假定企业具有规模收益递增的特征。而生产性服务业具有中间投入特性，它从制造业中逐步分离出来，主要为制造业服务。制造业对生产性服务业具有多样化需求，消费替代弹性较小，呈现规模收益递增特征。所以，生产性服务业的行业特征符合 NEG 理论所要求的前提条件，可以运用 NEG 理论框架来分析生产性服务业集聚。

NEG 理论的另一个前提条件是冰山运输成本，即通过计算物品在远距离运输过程中损失的比例，来衡量贸易成本的大小。生产性服务业生产的服务产品与制造业生产的制造品不同，制造品是有形产品，可以远距离运输；而生产性服务业产品大多是无形的，远距离运输的成本与制造业的不同。大部分服务产品可借助信息手段进行传输，可以用信息传递成本代替远距离运输成本。

基于以上研究成果和分析，本书在新地理经济学模型的基础上，引入信息技术因素，考量 IT 能力提升引起的通信成本变化对企业空间分散化行为的影响。在 Fujita & Thisse 模型基础上，假设如下：假设有两个区域 A、B，A 为中心区域。有两种生产要素——技术熟练工人和不熟练工人，人口固定。技术熟练工人完全流动，技术不熟练工人完全不流动。两个生产部门——传统部门 T 和现代部门 M。T 部门边际收益固定，使用技术不熟练工人生产同质产品。M 部门生产连续的水平多样化产品，收益递增。M 部门每种产品由单个公司生产，使用技术熟练和不熟练工人，同时需要中心区域提供的信息服务。当企业同时定位在中心区域 A 时企业是集聚的，当定位于两个区域或全部定位在 B 区域时称企业分散化。假定所有的工人选择一致，使用科布道格拉斯效用函数：

$$U = Q^{\mu}\Upsilon^{1-\mu} / [\mu^{\mu}(1-\mu^{\mu})^{1-\mu}],\quad 0<\mu<1 \tag{5.1}$$

其中，Q 为 M 多样性产品消费指数；Υ 为传统部门产出的消费。现代部门提供规模为 m 的连续的差异性产品，Q 可以表示为

$$Q=\left[\int_0^m q(i)^{\rho}\mathrm{d}i\right]^{1/\rho},\quad 0<\rho<1 \tag{5.2}$$

$q(i)$ 表示 i（$i\in[0,m]$）的产量。在式（5.2）中，ρ 表示对差异化产品偏好程度。ρ 接近于 1 时，差异化产品接近于完全替代；ρ 降低时，消费多样化产品偏好升高。假设 $\sigma=\dfrac{1}{1-\rho}$，$1<\sigma$，σ 为差异化产品替代弹性。企业是连续的，单个企业可以忽略，两个企业之间的直接相关性为 0，但市场条件影响每一个企业。

设 Y 为消费者收入，p^{T} 为传统商品的价格，$p(i)$ 为种类 i 的价格，则需求函数和价格分别为

$$\Upsilon=(1-\mu)Y/p^{\mathrm{T}} \tag{5.3}$$

$$q(i)=\frac{\mu Y}{p(i)}\frac{p(i)^{-(\sigma-1)}}{P^{-(\sigma-1)}}=\mu Y p(i)^{-\sigma}P^{\sigma-1},\quad i\in[0,m] \tag{5.4}$$

其中，P 为差异化产品的价格指数，故

$$P\equiv\left[\int_0^m p(i)^{-(\sigma-1)}\mathrm{d}i\right]^{-1/(\sigma-1)} \tag{5.5}$$

将式（5.3）、式（5.4）代入式（5.1）得到间接效用函数：

$$v=YP^{-\mu}(p^{\mathrm{T}})^{-(1-\mu)} \tag{5.6}$$

此处本书区别于经济地理模型的通常假设。假设T部门每一单位的产出需要a_r($a_r \geqslant 1$)单位的非技术熟练工人，$r = \mathrm{A,B}$。假设土地人口比率在A地区大，在B地区小，假定$a_{\mathrm{A}} = 1$，$a_{\mathrm{B}} \geqslant 1$，传统部门在区域A的技术不熟练工人比B生产效率更高。L_{A}和L_{B}为A、B的技术不熟练工人的数量。基于对称性的假设，假定技术不熟练工人的空间分布是两个区域有相同有效数量单位的技术不熟练工人：

$$L_{\mathrm{A}} = \frac{L_{\mathrm{B}}}{\alpha_{\mathrm{B}}} = \frac{L}{2} \tag{5.7}$$

T部门产品在区域间无交易成本，产品作为计价物品，即$p^{\mathrm{T}} = 1$，则技术不熟练工人的均衡工资是

$$w_{\mathrm{A}}^{L} = 1, \quad w_{\mathrm{B}}^{L} = 1/\alpha_{\mathrm{B}} \leqslant 1 \tag{5.8}$$

假设M部门的企业进行生产需要固定数量f的技术熟练工人。S为总熟练工人数量，则企业的数量可表示为$m = S/f$。设S_r为r区域的技术熟练工人。生产$q(i)$单位的种类i同时还需要$l(i)$单位的技术不熟练工人，$l(i) = c_{rs}q(i)$，其中$c_{rs} > 0$是企业的边际劳动力需求，r，s分别代表两个地区。假设c_{rs}随中心地区为企业提供的有效信息服务的减少而减少，这种有效性取决于以下两个因素。首先，中心的人力资本积累和区域内面对面交流产生马歇尔外部性，使得中心地区向其企业提供服务时更为有效。其次，由于信息的远距离传输经常不完美，中心地区和企业的距离负面影响了信息服务的有效性。企业定位于中心区域A，有$c_{\mathrm{AA}} = c(m_{\mathrm{A}})$；定位于边缘地区B，有$c_{\mathrm{AB}} = c(m_{\mathrm{A}})T_{\mathrm{C}}$。在此$T_{\mathrm{C}} > 1$表示通信成本，$T_{\mathrm{C}}$很大时信息传输较难。企业定位在A的生产函数是$l(i) = c(m_{\mathrm{A}})q(i)$；企业定位于B的生产函数是$l(i) = c(m_{\mathrm{A}})T_{\mathrm{C}}q(i)$。企业不在中心地区效率会更低，需要更多的劳动力投入，即企业分散化产生了成本。

M部门产品的运输受到冰山运输成本影响。当一单位的无差别产品从区域r转移到区域s，只有$1/T_{\mathrm{M}}$($T_{\mathrm{M}} > 1$)到达目的地。在区域内运输不发生费用。区域s的顾客付出的价格为$p_r(i)T_{\mathrm{M}}$。

w_r^H为技术熟练工人在区域r的工资，H为熟练工人。由式（5.7）、式（5.8），区域r的总收入为

$$Y_r = m_r f w_r^H + L/2, \quad r = \mathrm{A}, \mathrm{B} \tag{5.9}$$

通过式（5.4），区域r对i的需求是

$$q_r(i) = \mu Y_r p_r(i)^{-\sigma} P_r^{\sigma-1} + \mu Y_s \left[p_r(i)T_{\mathrm{M}}\right]^{-\sigma} P_s^{\sigma-1} T_{\mathrm{M}} \tag{5.10}$$

其中，P_r、P_s分别为区域r、s的价格指数。M_{AB}代表CBD在区域A，单一工

厂在区域B的情况，则利润可以表示为 $\pi_{AA}(i)=p_A(i)q_A(i)-w_A^H f-w_A^L c(m_A)q_A(i)$。对 $p_A(i)$ 求导将会产生定位于区域 A 的企业的均衡价格：

$$p_A^*(i)=\frac{w_A^L c(m_A)}{\rho},\quad i\in M_{AA} \tag{5.11}$$

同样得到 $i\in M_{AB}$ 的企业利润是 $\pi_{AB}(i)=p_B(i)q_B(i)-w_B^H f-w_B^L c(m_A)T_C q_B(i)$，定位在区域 B 的企业的均衡价格为

$$p_B^*(i)=\frac{w_B^L c(m_A)T_C}{\rho},\quad i\in M_{AB} \tag{5.12}$$

比较式（5.11）、式（5.12），说明了均衡价格受不熟练工人工资和通信成本 T_C 的影响。通过式（5.5）、式（5.7）、式（5.8）得到区域的价格指数：

$$P_A=\left\{m_{AA}\left(\frac{w_A^L c(m_A)}{\rho}\right)^{-(\sigma-1)}+T_M^{-(\sigma-1)}m_{AB}\left(\frac{w_B^L c(m_A)T_C}{\rho}\right)^{-(\sigma-1)}\right\}^{-1/(\sigma-1)}$$

$$P_B=\left\{T_M^{-(\sigma-1)}m_{AA}\left(\frac{w_A^L c(m_A)}{\rho}\right)^{-(\sigma-1)}+m_{AB}\left(\frac{w_B^L c(m_A)T_C}{\rho}\right)^{-(\sigma-1)}\right\}^{-1/(\sigma-1)}$$

P_A 中的前一项为区域 A 生产的产品，后一项为区域 B 生产运输到区域 A 的产品。P_B 中的前一项为区域 A 生产的产品运输到区域 B，后一项为区域 B 生产的产品。对于企业在两区域的分布，均衡利润可以表示如下：

$$\pi_{AA}^*=k_1\left[w_A^L c(m_A)\right]^{-(\sigma-1)}(Y_A P_A^{\sigma-1}+Y_B P_B^{\sigma-1}T_M^{-(\sigma-1)})-w_A^H f$$

$$\pi_{AB}^*=k_1\left[w_B^L c(m_A)T_C\right]^{-(\sigma-1)}(Y_A P_A^{\sigma-1}T_M^{-(\sigma-1)}+Y_B P_B^{\sigma-1})-w_B^H f$$

$$k_1=\mu\sigma^{-\sigma}(\sigma-1)^{\sigma-1}$$

k_1 是一个常数。因此，自由进入条件变为 $\max\left\{\pi_{AA}^*,\pi_{AB}^*\right\}=0$。

该部分通过模型分析给定工资差异下贸易成本 T_M 和中心区域与企业之间的通信成本 T_C 对企业在两地区分布的影响。令 $\theta=\dfrac{m_{AA}}{m},\phi_C=\left(\dfrac{T_C}{\alpha_B}\right)^{-(\sigma-1)},\phi_M=T_M^{-(\sigma-1)}$。其中，$\theta\in[0,1]$ 代表了国内企业的份额。ϕ_M 在 0（禁止交易成本）和 1（零交易成本）之间变动，测量两区域的贸易自由度。对固定值 $\alpha_B>1$，ϕ_C 在 0（禁止通信成本）和 $\alpha_B^{\sigma-1}>1$（零通信成本）之间变动，测量两区域之间的通信成本。

由于 $w_A^L=1$，$w_B^L=1/\alpha_B\leqslant 1$，则 $\alpha_B=1/w_B^L=w_A^L/w_B^L$，价格指数可以写为

$$P_{\mathrm{A}}=\frac{c(m)}{\rho}m^{-1/(\sigma-1)}\left[\theta+(1-\theta)\phi_{\mathrm{C}}\phi_{\mathrm{M}}\right]^{-1/(\sigma-1)} \tag{5.13}$$

$$P_{\mathrm{B}}=\frac{c(m)}{\rho}m^{-1/(\sigma-1)}\left[\theta\phi_{\mathrm{M}}+(1-\theta)\phi_{\mathrm{C}}\right]^{-1/(\sigma-1)} \tag{5.14}$$

w_r^H 是技术熟练工人在区域 r 的工资。通过式（5.7）和式（5.8），区域 r 的总收入为 $Y_{\mathrm{A}}=m_{\mathrm{A}}fw_{\mathrm{A}}^H+L/2$， $Y_{\mathrm{B}}=m_{\mathrm{B}}fw_{\mathrm{B}}^H+L/2$，其中 $m_{\mathrm{A}}+m_{\mathrm{B}}=m$。

因此，利润可以表示为

$$\pi_{\mathrm{AA}}^*=\frac{\mu f}{\sigma S}\left[\frac{\theta Sw_{\mathrm{A}}^H+L/2}{\theta+(1-\theta)\phi_{\mathrm{C}}\phi_{\mathrm{M}}}+\frac{(1-\theta)Sw_{\mathrm{B}}^H+L/2}{\theta+(1-\theta)\phi_{\mathrm{C}}\phi_{\mathrm{M}}^{-1}}\right]-w_{\mathrm{A}}^H f \tag{5.15}$$

$$\pi_{\mathrm{AB}}^*=\frac{\mu f}{\sigma S}\left[\frac{\theta Sw_{\mathrm{A}}^H+L/2}{\theta\phi_{\mathrm{C}}^{-1}\phi_{\mathrm{M}}^{-1}+(1-\theta)}+\frac{(1-\theta)Sw_{\mathrm{B}}^H+L/2}{\theta\phi_{\mathrm{C}}^{-1}\phi_{\mathrm{M}}+(1-\theta)}\right]-w_{\mathrm{B}}^H f \tag{5.16}$$

通过式（5.15）和式（5.16）可以得到企业的集聚 $(\theta^*=1)$ 和分散化 $(0\leqslant\theta^*<1)$ 趋势。$0<\theta^*<1$ 时，当所有的国内和跨国公司都是零利润时，达到均衡，即 $\pi_{\mathrm{AA}}^*=\pi_{\mathrm{AB}}^*=0$ 成立。假设 $w_{\mathrm{B}}^H=\lambda_{\mathrm{B}}w_{\mathrm{A}}^H$，由 $\pi_{\mathrm{AA}}^*=0$ 得到

$$w_{\mathrm{A}}^H=\frac{\dfrac{L}{2X}+\dfrac{L}{2Y}}{\dfrac{\sigma S}{\mu}+\dfrac{\theta S}{X}+\dfrac{(1-\theta)S\lambda_B}{Y}} \tag{5.17}$$

其中， $X=\theta+(1-\theta)\phi_{\mathrm{C}}\phi_{\mathrm{M}},Y=\theta+(1-\theta)\phi_{\mathrm{C}}\phi_{\mathrm{M}}^{-1}$。

由 $\pi_{\mathrm{AB}}^*=0$ 可以得到：

$$w_{\mathrm{A}}^H=\frac{\dfrac{L}{2\phi_{\mathrm{C}}^{-1}\phi_{\mathrm{M}}^{-1}X}+\dfrac{L}{2\phi_{\mathrm{C}}^{-1}\phi_{\mathrm{M}}Y}}{\dfrac{\lambda_{\mathrm{B}}\sigma S}{\mu}+\dfrac{\theta S}{\phi_{\mathrm{C}}^{-1}\phi_{\mathrm{M}}^{-1}X}+\dfrac{(1-\theta)S\lambda_{\mathrm{B}}}{\phi_{\mathrm{C}}^{-1}\phi_{\mathrm{M}}Y}} \tag{5.18}$$

将式（5.17）和 X 、Y 带入式（5.18）可以得到 θ 的表达式：

$$\frac{\dfrac{1}{\theta\phi_{\mathrm{C}}^{-1}\phi_{\mathrm{M}}^{-1}+(1-\theta)}+\dfrac{1}{\theta\phi_{\mathrm{C}}^{-1}\phi_{\mathrm{M}}+(1-\theta)}}{\dfrac{\lambda_{\mathrm{B}}\sigma}{\mu}+\dfrac{\theta}{\theta\phi_{\mathrm{C}}^{-1}\phi_{\mathrm{M}}^{-1}+(1-\theta)}+\dfrac{(1-\theta)\lambda_B}{\theta\phi_{\mathrm{C}}^{-1}\phi_{\mathrm{M}}+(1-\theta)}}=\frac{\dfrac{1}{\theta+(1-\theta)\phi_{\mathrm{C}}\phi_{\mathrm{M}}}+\dfrac{1}{\theta+(1-\theta)\phi_{\mathrm{C}}\phi_{\mathrm{M}}^{-1}}}{\dfrac{\sigma}{\mu}+\dfrac{\theta}{\theta+(1-\theta)\phi_{\mathrm{C}}\phi_{\mathrm{M}}}+\dfrac{(1-\theta)\lambda_{\mathrm{B}}}{\theta+(1-\theta)\phi_{\mathrm{C}}\phi_{\mathrm{M}}^{-1}}} \tag{5.19}$$

解方程可以得到 θ 关于 ϕ_{C}、 ϕ_{M} 的方程：

$$\theta(\phi_C,\phi_M)=\frac{(\mu-\sigma)\lambda_B\phi_C\phi_M^2+2\sigma\phi_C^2\phi_M-\lambda_B\mu\phi_C-\lambda_B\sigma\phi_C}{(\mu-\sigma\lambda_B-\sigma+\mu\lambda_B)\phi_C\phi_M^2+2\sigma\phi_C^2\phi_M+2\lambda_B\sigma\phi_M-(\lambda_B\mu+\lambda_B\sigma+\mu+\sigma)\phi_C} \tag{5.20}$$

本部分对模型中各项参数的关系进行讨论，并采用数学软件 Maple 对参数关系进行数字模拟。

1. θ 与 ϕ_C、ϕ_M 的关系

取 $\lambda_B=1,\mu=0.55,\sigma=6$，多样化产品在效用函数中的份额 μ=0.55、多样化产品替代率 $\sigma=6$ 符合 Broda 等（2006）的估计。通过数值模拟对 θ 与 ϕ_M 的关系进行探讨。令 $\lambda_B=1,\mu=0.55,\sigma=6$，$\phi_C$ 分别等于 0.5、0.9、1、1.1、1.5，可以得到以下模拟结果：ϕ_C=0.5 时通信成本很大，曲线上凹，随着 ϕ_M 的增加，即交易成本的降低，企业逐渐定位到 CBD 中心。ϕ_C=0.9 时的通信成本小于 ϕ_C=0.5 时的通信成本，在相同贸易自由度下，集聚度也较小。ϕ_C=1 时企业会维持在两地区相等的企业份额，集聚度不受 ϕ_M 的影响。ϕ_C=1.5 时通信成本较低，曲线下凹，随着交易成本的降低，企业逐渐定位到边缘地区。ϕ_C=1.1 时的通信成本大于 ϕ_C=1.5 时的通信成本，在相同贸易自由度下，集聚度也较大。

2. θ 与 α_B,λ_B 的关系

将 $\lambda_B=\phi_C$ 带入式（5.20）可得到

$$\theta^*\equiv\frac{\lambda_B}{1+\lambda_B} \tag{5.21}$$

从式（5.21）可以看出当 $\lambda_B=\phi_C$ 时 θ 的值仅与技术熟练工人工资的差异度 λ_B 相关，此时 $\lambda_B=\left(\dfrac{T_C}{\alpha_B}\right)^{-(\sigma-1)}$，$T_C=\alpha_B\lambda_B^\sigma$，由此可以得到：当 $\lambda_B=\phi_C$，即 $T_C=\alpha_B\lambda_B^\sigma$ 时，企业分布不受贸易自由度的影响，按照 $\theta^*\equiv\dfrac{\lambda_B}{1+\lambda_B}$ 的集聚度分布，其中 $a_B>1$，$\lambda>0$，$\sigma>1$。

同样通过数值模拟进行验证。令 $\mu=0.55,\sigma=6$，取 ϕ_C 等于 0.5，1，1.5，λ_B 分别取 0.5，1，1.5，从模拟结可以看出当 λ_B 与 ϕ_C 相等时，θ 的值不受 ϕ_M 的影响，只与 λ_B 相关。当 λ_B 变大时，企业逐渐向中心区集聚，而且随着贸易自由度升高，集聚弹性越来越大。当 $\lambda_B<\phi_C$ 时，贸易自由度的提升会促使企业向边缘地区集聚。当 $\lambda_B>\phi_C$ 时，贸易自由度的提升会促使企业向中心地区集聚。

3. θ和σ的关系

σ是差异化产品之间的替代弹性，由$\sigma=\dfrac{1}{1-\rho}$知$\sigma>1$。当ρ接近于1，即σ较大时，差异化产品接近于完全替代，当ρ接近于0，即σ接近于1时，消费多样化产品的偏好升高。

对于企业向边缘地区集聚需要满足的条件$\left(T_{\mathrm{C}}>\alpha_{\mathrm{B}}\lambda_{\mathrm{B}}^{\sigma},\alpha_{\mathrm{B}}>1,\lambda_{\mathrm{B}}>0\right)$，需要分$0<\lambda_{\mathrm{B}}<1$、$\lambda_{\mathrm{B}}=1$和$\lambda_{\mathrm{B}}>1$三种情况讨论。当$\lambda_{\mathrm{B}}>1$时，边缘地区技术熟练工人工资大于中心地区时，$\sigma$越大，则$\alpha_{\mathrm{B}}\lambda_{\mathrm{B}}^{\sigma}$越大，向边缘集聚需要满足的通信成本$T_{\mathrm{C}}$越大，即通信成本越高。当$\lambda_{\mathrm{B}}=1$时，向边缘集聚需要满足的通信成本$T_{\mathrm{C}}$与$\sigma$无关。当$0<\lambda_{\mathrm{B}}<1$时，$\sigma$越大，则$\alpha_{\mathrm{B}}\lambda_{\mathrm{B}}^{\sigma}$越小，向边缘集聚需要满足的通信成本$T_{\mathrm{C}}$越小，即通信成本越低。

5.3.3 信息通达性与企业空间分布

据模型分析，当通信成本为与劳动力工资差异度和差异化产品替代率有关的特定数值时，企业的分布不受通信成本的影响。当通信成本超过该数值时，贸易自由度的增加将促进企业在中心区域的集聚，当通信成本低于该数值数时，贸易自由度的增加将促进企业在边缘区域的集聚。由此可以得到企业分布与通信成本的关系：通信成本较高的企业，如面对面交流较多的服务业，倾向于在中心区域集聚；而通信成本较低的企业，如面对面交流较少的服务业，会向边缘区域集聚。

该结论符合一些生产性服务空间分布研究得到的结论。一些学者认为IT的兴起加剧了需要面对面接触、具有高度“后台”功能的生产性服务业仍然保持集聚的趋势；而受此影响属于传统“前台”功能的生产性服务业出现郊区化，享受较低的商务成本。Gad（1979）研究发现，计算机服务业、工程和建筑服务业相对于法律、管理咨询服务业对面对面联系的依赖性要小，更容易趋于郊区化。Stanback（1991）研究了美国四个大都市的生产性服务业的区位（纽约、费城、芝加哥、亚特兰大），发现计算机数据服务业、研发实验室、设备租用服务业更倾向于郊区化，而广告业、会计审计业等服务业更集中于中心城区。Michalaket等（1993）研究发现需要面对面联系的服务业更会从CBD的区位得益，而需要场所或外部市场非常重要的企业更倾向于选择郊区。Sassen（2001）对此进行了比较系统的总结，她认为，在中心区货币金融、管理、文化服务等部门占据主导地位，在中心区的外围，信息技术、批发、航空运输等起支配地位。总之，不同行业和部门的区位选择基本遵循这样的规律：以金融、法律为代表的高级服务业并未实质性地离开 CBD，依赖面对面的交流和高密度的信息，即使是离开也大多是流向了中心城区。计算机服务业、工程和建筑服务业等较低级的生产性服务业去中心化趋势比较明显。

第 6 章　信息集聚能力与商务服务业空间分布

6.1　信息是企业的重要无形资产

在信息时代，企业的经济活动基本上是围绕信息展开的。信息同能源、材料并列为当今世界三大资源。信息资源广泛存在于经济、社会各个领域和部门。随着社会的不断发展，信息对国家和民族的发展，对人们工作、生活至关重要，成为国民经济和社会发展的重要战略资源。

信息是企业竞争的无形资产，是企业制定经营的战略与策略，进行市场竞争的重要依据。企业外部环境的现状及变化情况都以一定的信息形式出现，企业要制定正确的经营战略与策略，必须依靠这些信息，才能灵活地适应外部环境，在企业竞争中立于不败之地。当今社会信息已成为企业的重要战略资源，它同物质、能源一起成为推动企业发展的支柱。丰富的信息资源使企业及时、准确地收集、掌握信息，开发、利用信息，为企业发展注入新鲜血液。尤其是当前全球化趋势下，信息对企业显得更加重要。信息一方面为企业做出迅速灵敏的决策提供了依据；另一方面使企业在激烈的市场竞争中找准了自己的发展方向，抢先开拓市场、占有市场，及时有效地制定竞争措施，从而增强企业竞争力。

由于商务服务业具有高创新性特点，对信息高度依赖，区位选择倾向于接近信息源和信息基础设施，并形成高度的空间集聚。基于此，本章讨论信息集聚能力对商务服务业空间分布的影响。

6.2　商务服务业倾向信息集聚能力较强的区位

与传统的制造业空间分布相比，影响商务服务业空间分布的因素有其特殊性。首先，创新因素取代了传统的资源因素。服务业是知识化与信息化的主要载体，随着 IT 创新与扩散解除了传统空间因素和物质因素对区位主体空间行为的制约，新的时空距离发生改变，以信息、技术和知识为核心的创新成为服务业区位的影响因素。其次，概念距离取代了物理距离，成本因素不再是单一的运输成本因素。服务产品因其无形性、不可储藏性、不可运输性、生产与消费的同时性等特征，使得服务的提供者与使用者之间必须近距离接触以节约交易成本。但 IT 的广泛运用使得面对面的接触减少，改变了传统的交易方式。时间距离、经济距离和心理距离等构成的概念距离取代了传统的物理距离，多种交通工具和信息技术手段的结合成为新的制约可达性的因素，交易因素也不再是单一的运输成本因素。

以 IT 发展为依托的网络发展对城市体系的重构起着决定性作用，产生了网络依附性的城市，这类城市对外依赖程度，基本劳动比例大，形成另一种类型的集聚经济：城市由原来的实体、产业、生产、资金的集聚向基于 IT 的集聚经济转变。信息集聚能力越强，城市的发展竞争力越强。Sekeris（1998）在模型分析中假定服务业对信息外部性比服务业更加敏感，发现在均衡状态下，服务业更为中心集聚。因而，对信息外部性更加敏感的经济活动将会定位更加集中。Coffey 等（2002）利用工作地点的就业数据研究 1981～1996 年蒙特利尔地区包括四种金融服务业在内的高端服务业在都市区内部的地理变动，结果发现，CBD 处于相对而非绝对的衰退，分散也是趋于多中心而非总体扩散，尽管电子通信技术的发展促进了企业的分散化分布，集聚经济继续对都市区内部的区位活动产生影响。Baro 等（1993）认为商务服务业可以被认为很大程度上充分利用信息外部经济，信息敏感性充分影响了商务服务业的区位选择。由此，可以认为，商务服务业会倾向于集聚在信息集聚能力较强的区位。

如今，多数研究者都认为面对面接触是解释生产性服务业集聚最重要的因素，由其引发的诸如技术扩散、信息可得、交通便利等更具体的因素已渗透到生产性服务业集聚研究的方方面面。新经济地理学的代表人物 Krugman（1991）指出，人们接受思想的能力或远离思想源地的距离影响知识的增加，距离越远，思想的交流也相对越难。由此可见，信息传递与空间距离呈现负相关关系。

基于上述分析，以及信息集聚能力影响商务服务业空间分布的机理讨论，提出以下假设。

假设 6.1　较强的信息集聚能力对空间单元商务服务企业数量有正向影响，空间单元内商务服务企业数量随着距离信息集聚地的距离增加而减少。

本书基于企业所有制结构将商务服务业分为国有外资类商务服务业、股份联营类商务服务业和个体私营类商务服务业，以探求信息集聚能力对不同所有制结构的企业产生影响的差异性，因此提出以下假设。

假设 6.1（a）　较强的信息集聚能力对空间单元国有外资类商务服务企业

数量有正向影响，空间单元内国有外资类商务服务企业数量随着距离信息集聚地的距离增加而减少。

假设 6.1（b） 较强的信息集聚能力对空间单元股份联营类商务服务企业数量有正向影响，空间单元内股份联营类商务服务企业数量随着距离信息集聚地的距离增加而减少。

假设 6.1（c） 较强的信息集聚能力对空间单元个体私营类商务服务企业数量有正向影响，空间单元内个体私营类商务服务企业数量随着距离信息集聚地的距离增加而减少。

本书基于企业业务类型将商务服务业分为管理咨询类商务服务业、广告设计类商务服务业和中介代理类商务服务业，以探求信息集聚能力对不同所有制结构的企业产生影响的差异性，因此提出以下假设。

假设 6.1（d） 较强的信息集聚能力对空间单元管理咨询类商务服务企业数量有正向影响，空间单元内管理咨询类商务服务企业数量随着距离信息集聚地的距离增加而减少。

假设 6.1（e） 较强的信息集聚能力对空间单元广告设计类商务服务企业数量有正向影响，空间单元内广告设计类商务服务企业数量随着距离信息集聚地的距离增加而减少。

假设 6.1（f） 较强的信息集聚能力对空间单元中介代理类商务服务企业数量有正向影响，空间单元内中介代理类商务服务企业数量随着距离信息集聚地的距离增加而减少。

本书基于企业规模将商务服务业分为大型商务服务业、中型商务服务业和小型商务服务业，以探求信息集聚能力对不同所有制结构的企业产生影响的差异性，因此提出以下假设。

假设 6.1（g） 较强的信息集聚能力对空间单元大型商务服务企业数量有正向影响，空间单元内大型商务服务企业数量随着距离信息集聚地的距离增加而减少。

假设 6.1（h） 较强的信息集聚能力对空间单元中型商务服务企业数量有正向影响，空间单元内中型商务服务企业数量随着距离信息集聚地的距离增加而减少。

假设 6.1（i） 较强的信息集聚能力对空间单元小型商务服务企业数量有正向影响，空间单元内小型商务服务企业数量随着距离信息集聚地的距离增加而减少。

6.3　信息集聚能力影响城市间商务服务业空间分布

6.3.1　城市信息集聚能力测度

信息服务业是利用计算机和通信网络等现代科学技术对信息进行生产、收集、处理、加工、存储、传输、检索和利用，并以信息产品为社会提供服务的专门行业的综合体。信息服务业是信息资源开发利用，实现商品化、市场化、社会化和专业化的关键，主要分为三大类：①信息传输服务业；②IT 服务业（信息技术服务业）；③信息资源产业（主要指信息内容产业），是信息产业中的软产业部分。其对生产与消费的带动作用大，产业关联度高，发展信息服务业有助于扩大信息设备制造业的需求和增加对信息用户的供给。根据文献综述部分对信息集聚能力相关研究的归纳和总结，本书以信息服务业从业人口为指标，衡量城市的信息集聚能力。

根据 2001 年基本单位普查资料，信息服务业中法人单位数目最多的是北京，有 4.9 万个，占总数的 25.1%；上海 1.9 万个，占 9.7%；广东 1.8 万个，占 9.2%；江苏 1.2 万个，占 6.2%；浙江 1.1 万个，占 5.6%。上述五个省（直辖市）共占总数的 55.8%。单位数目最少的为西藏 203 个，青海 498 个，宁夏 561 个，贵州 1120 个，甘肃 1548 个，这五个地区共占总数的 2%。可以看出，我国信息服务各行业中，其他信息服务业、经纪业的单位数目相对比较集中，最多的 2、3 个省份就占到了全国的一半以上。而公共信息服务业、电信服务业地域分布较为均衡，最多的省份占全国的比例也不到 1/10，且这两个行业单位数目与地域经济发达程度关系不是很密切，如四川、云南等西南省份的单位数目都位居前列，社会调查业也表现出此种态势。从各行业的地域分布情况来看，除了北京的电信服务业、公共信息服务业外，在各个行业的法人单位中均居首位。上海、广东、江苏、浙江和山东这些经济发达地区也基本上在各个行业中位居前列。而单位数目较少的基本上都是经济欠发达的西藏、青海、宁夏和贵州等这些西部地区。

根据 2009 年《中国城市统计年鉴》，本书以信息传输、计算机服务和软件业从业人员作为信息集聚能力的衡量指标，对中国城市信息集聚能力进行测度，可以看出，我国信息服务业的空间分布从东部沿海到内地再到西部地区，呈现明显的梯度等级。东部沿海城市集聚程度最高，中部次之，西部集聚程度最低。在直辖市和省会城市的集聚度高于一般地方性城市。信息服务业最明显的集聚点都是省会城市，而一般性城市要比其所在省份的省会城市集聚度低。从从业人数最多的10个城市看，多数属于东部沿海地区，如表6.1所示。

表6.1 2009年中国城市信息服务业从业人员TOP10

城市	信息服务业从业人员/万人
北京市	36.21
上海市	6.52
杭州市	5.55
广州市	5.00
深圳市	4.40
西安市	4.11
重庆市	2.55
天津市	2.48
武汉市	2.23
大连市	2.17

资料来源：2009年《中国城市统计年鉴》

6.3.2 城市层面的商务服务业空间分布

根据2003年和2009年《中国城市统计年鉴》，本书用租赁与商务服务业从业人员代表商务服务业，采用省域商务服务业人员比重数据，对省域商务服务业空间分布的洛伦兹曲线进行刻画，从2003年和2009年省域商务服务业从业人员比重的洛伦兹曲线看，商务服务业省域集聚程度越来越高。从2003年和2009年商务服务业从业人员比重（表6.2）看，商务服务业几个主要集聚省份，如北京、广东、浙江所占的比重都有所上升，而上海的比重则有所下降。

表6.2 2003年和2009年商务服务业从业人员比重

省份	2003年/%	2009年/%
北京	22.30	25.97
天津	2.30	2.62
河北	1.93	1.83
山西	2.24	2.10
内蒙古	1.27	0.94

续表

省份	2003 年/%	2009 年/%
辽宁	4.69	3.59
吉林	1.67	1.35
黑龙江	3.14	1.39
上海	8.56	6.41
江苏	4.61	4.09
浙江	4.66	7.17
安徽	2.03	1.54
福建	2.04	3.72
江西	1.58	1.50
山东	4.48	4.39
河南	4.45	4.17
湖北	4.04	2.03
湖南	3.09	2.42
广东	8.89	10.19
广西	2.83	2.89
海南	0.36	0.35
重庆	1.03	1.53
四川	1.85	2.03
贵州	1.53	1.10
云南	0.93	1.54
西藏	0.00	0.05
陕西	1.66	1.11
甘肃	0.85	0.65
青海	0.20	0.22
宁夏	0.23	0.38
新疆	0.55	0.74

资料来源：2003 年和 2009 年《中国城市统计年鉴》

根据 2009 年《中国城市统计年鉴》，本书以租赁与商务服务业从业人口的空间分布代表商务服务业空间分布，用 ArcGIS 软件进行描绘。我国商务服务业空间分布具有比较明显的特征。从东部沿海到内地再到西部地区，呈现明显的梯度等级。东部沿海城市集聚程度最高，中部次之，西部集聚程度最低。在直辖市和省会城市的集聚度高于一般地方性城市。根据 2003 年《中国城市统计年鉴》，2003年，商务服务业人口前10位的城市分别是北京市39.01万人（22.30%）、上海市14.97万人（8.56%）、广州市5.26万人（3.01%）、天津市4.03万人（2.30%）、深圳市3.57万人（2.04%）、武汉市3.11万人（1.78%）、杭州市2.52万人（1.44%）、哈尔滨市2.38万人（1.36%）、沈阳市2.3万人（1.31%）、贵阳市2.29万人（1.31%）。商务服务业最明显的集聚点都是省会城市，而一般性城市要比其所在省份的省会城市集聚度低。

根据2009年《中国城市统计年鉴》，2009年，商务服务业人口前10位的城市分别是北京市72.88万人（25.97%）、上海市18万人（6.41%）、深圳市10.9万人（3.88%）、广州市9.64万人（3.44%）、杭州市7.66万人（2.73%）、天津市7.34万人（2.62%）、福州市5.36万人（1.91%）、重庆市4.3万人（1.53%）、南京市3.87万人（1.38%）、昆明市3.56万人（1.27%）。

从前10位城市的变化看，商务服务业人口绝对值增加了，相对比重也增加了。这也表明商务服务业从业人口呈现集中趋势。另外，从前10位城市的地理位置看，商务服务业人口集聚城市逐渐向东南沿海转移。这也体现了商务服务业倾向于定位于经济优势地区的趋势。

6.3.3 实证检验及分析

本书首先对我国城市层面产业集聚的空间基尼系数进行测度。基于不同角度，产业集聚度量方法也有所不同。例如，从企业角度可以用赫芬达尔指数（$H=\sum_{j=1}^{N}z_j^2=\sum_{i=1}^{N}(X_j/X)^2$）来衡量，其中$X$代表市场总规模，$X_j$代表$j$企业的规模，$z_j$代表$j$企业的市场占有率，$N$代表产业内企业的数量。行业角度来可以通过E-G系数（$r_{\text{E-G}}=\left[G_i-(1-\sum_i x_i^2)H\right]/\left[(1-\sum_i x_i^2)(1-H)\right]$）来衡量，其中$G$代表空间基尼系数，$x_i$代表$i$区域全部就业人数占经济体就业总数的比重，$H$代表赫芬达尔指数。尽管E-G系数综合考虑了企业和行业两个维度，服务业集聚的二维评价模型也认为E-G系数是检验服务业集聚程度的较好指标（李文秀等，2008a），但由于数据类型不同，本书采用空间基尼系数来衡量服务业集聚程度。Krugman（1991）曾用空间基尼系数来测算美国制造业集聚程度，其计算方法如下：

$$G=\sum_i(s_i-x_i)^2,\quad G\in[0,1]$$

其中，s_i 为 i 地区某产业就业人数占全国该产业总就业人数的比重；x_i 为该地区就业人数占全国总就业人数的比重。由于本书采用《中国城市统计年鉴》的数据，s_i 为 i 城市某产业单位从业人数占 258 个城市该产业单位从业总人数的比重，x_i 为该城市从业人数占 258 个城市单位从业人数总人数的比重。该系数越大说明集聚度越高，系数越小说明集聚度越低。

1. 地理联系率指标

本书采用地理联系率测度信息服务业和商务服务业的空间联系率。地理联系率反映两经济要素在地理分布上的联系情况，通过相似程度的差异反映空间结构的不同，判断两个产业空间分布的一致性，其计算式为

$$G = 100 - \frac{1}{2}\sum_{i=1}^{n}\left|S_i - P_i\right|$$

其中，G 为地理联系率；n 为街区单元数量；S_i、P_i 分别为每个街区单元各经济要素的百分比。当 G 比较大的时候，表明两经济要素的地理联系较为密切，S_i、P_i 的地理分布较为一致；当 G 值较小时，表明两经济要素的地理联系不太密切，S_i、P_i 的地理分布差异较大。

2. 商务服务业空间基尼系数

我国在 2003 年对行业分类进行了调整，第三产业（即服务业）从原来的 11 个行业调整到现在的 14 个行业。在 14 个服务业行业中，生产性服务业为交通运输、仓储及邮政业，信息传输、计算机服务和软件业，金融业，房地产业，租赁和商务服务业，科学研究、技术服务和地质勘查业，居民服务和其他服务业，教育；消费性服务业为批发和零售业，住宿、餐饮业；公共性服务业为水利、环境和公共设施管理业，卫生、社会保障和社会福利业，文化、体育和娱乐业，公共管理和社会组织。本书就 2003 年以来的中国城市服务业空间基尼系数变化进行分析，具体见表 6.3。从表 6.3 中可以看出，不同的行业空间基尼系数表现出很大的差异性。2009 年，系数最高的行业是租赁和商务服务业，为 0.046 55，而最低的是卫生、社会保障和社会福利业，为 0.000 77，前者是后者的 60.45 倍。

表 6.3　中国服务业的空间基尼系数

年份	2003	2004	2005	2006	2007	2008	2009	排名
交通	0.002 35	0.002 49	0.003 02	0.003 61	0.003 89	0.004 24	0.004 69	8
信息	0.009 49	0.037 39	0.012 67	0.014 10	0.024 81	0.028 96	0.028 35	2

续表

年份	2003	2004	2005	2006	2007	2008	2009	排名
批发	0.004 48	0.008 62	0.015 02	0.002 01	0.002 03	0.002 37	0.003 25	9
住宿	0.024 65	0.022 96	0.030 38	0.010 26	0.010 31	0.010 35	0.011 14	6
金融	0.001 09	0.001 48	0.001 39	0.008 31	0.000 79	0.000 78	0.000 80	13
房地产	0.013 71	0.025 93	0.020 15	0.017 47	0.017 30	0.018 27	0.016 14	5
商务	0.028 64	0.062 96	0.057 99	0.035 94	0.038 92	0.039 00	0.046 55	1
科学	0.014 18	0.012 73	0.007 60	0.014 42	0.014 67	0.016 84	0.018 14	4
水利	0.001 39	0.001 62	0.002 04	0.000 74	0.000 78	0.000 82	0.000 86	12
居民	0.051 84	0.190 58	0.165 09	0.029 68	0.026 21	0.000 82	0.024 52	3
教育	0.002 57	0.003 18	0.003 56	0.001 37	0.001 45	0.001 49	0.001 63	11
卫生	0.001 23	0.001 88	0.001 80	0.000 58	0.000 63	0.000 63	0.000 77	14
文化	0.002 34	0.005 27	0.013 81	0.006 06	0.006 43	0.006 49	0.006 92	7
公共	0.002 57	0.003 61	0.003 89	0.001 38	0.001 50	0.001 59	0.001 70	10

资料来源：2003～2009年《中国城市统计年鉴》

注：交通代表交通运输、仓储及邮政业；信息代表信息传输、计算机服务和软件业；批发代表批发和零售业；住宿代表住宿、餐饮业；商务代表租赁和商务服务业；科学代表科学研究、技术服务和地质勘查业；水利代表水利、环境和公共设施管理业；居民服务代表居民服务和其他服务业；卫生代表卫生、社会保障和社会福利业；文化代表文化、体育和娱乐业；公共代表公共管理和社会组织

从空间基尼系数可以看出，中国服务业集聚主要表现出两大特征：一个特征是以交通运输、仓储和邮政业，信息传输、计算机服务和软件业，房地产业，租赁和商务服务业，科学研究、技术服务和地质勘查业为代表的生产性服务业的集聚程度较高。从集聚度来看，中国14个服务业中排名前5位的均为生产性服务业。从集聚趋势来看，生产性服务业表现出逐渐提高的动态趋势（金融业除外）。从产业的布局空间结构来看，生产性服务业主要集聚在北京、上海、广东、山东、江苏和浙江等沿海省份。

中国服务业集聚的另一个特征是批发和零售业及住宿、餐饮业等消费性和公共性服务业的集聚程度较低。从集聚度的排名来看，这些行业大部分都在10名以后，而且从集聚趋势来看的，这些行业基本上都表现出降低的趋势。这可解释为这些服务业进入门槛较低，更为重要的一个原因是与生产性服务业相比，消费性服务业和公共性服务业所提供的往往都是最终性服务，实际上这是生产者与消费者互动的过程，其分布更为广泛。而生产性服务业更多表现出生产者之间的关系，不同的服务业的服务对象不同决定了其集聚程度和集聚趋势的差异性。

3. 城市商务服务业与信息服务业地理联系率

本书以 2009 年《中国城市统计年鉴》中的行业从业人员为指标，对商务服务业与其他产业的地理联系率进行测算，其中用信息传输、计算机服务和软件业从业人员空间分布代替信息服务业空间分布，用租赁和商务服务从业人员空间分布代替商务服务业空间分布。经过测算，商务服务业与制造业和其他服务业的地理联系率如表 6.4 所示。

表 6.4　商务服务业与制造业和其他服务业的地理联系率

行业	与商务服务业地理联系率
信息传输、计算机服务和软件业	76.621 36
房地产业	75.804 94
住宿、餐饮业	74.753 96
科学研究、技术服务和地质勘查业	72.717 67
文化、体育和娱乐业	70.048 29
批发和零售业	69.332 40
交通运输、仓储及邮政业	69.168 03
金融业	63.763 63
居民服务和其他服务业	62.132 28
制造业	60.132 48
水利、环境和公共设施管理业	58.870 44
卫生、社会保障和社会福利业	58.415 20
公共管理和社会组织	53.748 65
教育	53.357 36

与商务服务业空间分布地理联系率最高的为信息传输、计算机服务和软件业，其次为房地产业和住宿、餐饮业。由此可以看出，商务服务业空间分布与信息服务业空间分布协同性最高，证明商务服务业在空间分布上具有明显的信息导向。

6.4　信息集聚能力影响城市内商务服务业空间分布

6.4.1　街区信息集聚能力测度

在街区层面，由于无法获得从业人员数据，本书以空间单元内的信息服务企业数量为指标，衡量街区的信息集聚能力。根据张惠萍（2011）的研究，以街区为空间单元，对上海市信息服务业空间分布进行刻画。从上海信息服务业的空间分布的统计可知，信息服务企业主要集中在中心城外围区和近郊的闵行区、浦东新区，中心城核心三区的企业数量也较少，远郊区的嘉定、松江、青浦有很少部分街区的企业数量较集中。

从街区看，如表 6.5 所示，徐汇区的徐家汇街道、黄浦区金陵东路街道、浦东新区崂山西路街道、闸北区芷江路街道、卢湾区淮海中路街道、静安区石门二路街道和静安寺街道、长宁区江苏路街道和天山路街道、普陀区中山北路街道和东新路街道的企业密度极高，都超过 100 个/千米 ^{2}。信息服务业的主要集聚街区也都分布在上海市中心城区。

表 6.5　上海市信息服务业主要集聚街区

街区	信息服务业数量/个
徐家汇街道	1190
张江镇	630
康健新村街道	485
田林新村街道	446
芷江路街道	401
闵行	357
陆家嘴	303
中山北路街道	297
江苏路街道	280
潍坊新村	262

资料来源：张惠萍（2011）

空间自相关指同一个变量在不同位置上的相关性，是空间单元属性值集聚程度的集中度量（张松林等，2007）。空间自相关性使用全局和局部两种指标。全局指标用于探测整个区域的空间模式，使用单一值来反映该区的自相关程度。局部指标计算每一个空间单元与邻近单元就某一属性的相关程度。表示全局空间自相关的指标和方法主要有 Moran's I、Geary's C 和 Getis'G 等统计方法，其中常用的是 Moran's I。全局 Moran's I 的公式如下：

$$I = \frac{N}{\sum_{i=1}^{n}\sum_{j=1}^{n} W_{ij}} \times \frac{\sum_{i=1}^{n}\sum_{j=1}^{n} W_{ij}(x_i - \bar{x})(x_j - \bar{x})}{\sum_{i=1}^{n}(x_i - \bar{x})^2}$$

其中，N，n 为空间单元的数目；x_i 为观测值；$\bar{x}$ 为 x_i 的平均值；W_{ij} 为研究范围内空间单元 i 与空间单元 j 的空间连接矩阵。关于空间连接矩阵的构造有很多种方法，原则上根据不同的研究目的选择不同的构造方法。本书所使用的空间连接矩阵为邻接矩阵，即以 1 和 0 表示 i 与 j 的相邻关系，1 表示 i 与 j 相邻，0 表示不相邻，定义 $w_{ij}=0$，依此得到一个 N 维的矩阵 $W(N,N)$ 。Moran's I 需作显著性检验，一般采用 Z 检验，如下式：

$$Z(I)=\frac{I-E(I)}{S(I)},\quad S(I)=\sqrt{\mathrm{var}(I)}$$

依照以上步骤计算出的 Moran's I 值的结果介于−1 到 1，大于 0 为正相关，小于 0 为负相关，且绝对值越大表示空间分布的关联性越大，即空间上有强聚集性或强相异性。反之，绝对值越小表示空间分布关联性小，而当值趋于 0 时，即代表此时空间分布呈随机性。对上海信息服务业全局 Moran's I 指数进行分析，如表 6.6 所示，得到全局 Moran's I 为 0.498 290，存在较明显的空间集聚性。

表 6.6　上海市信息服务业全局 Moran's I 指数

	全局 Moran's I 指数
Moran's Index	0.498 290
Expected Index	−0.003 021
Variance	0.000 309
Z Score	28.524 040
p-value	0.000 000

6.4.2　街区层面的商务服务业空间分布

1. 上海市商务服务业空间分布

近年来，伴随上海城市功能的转变，凭借人才优势，依托长三角地区不断崛起的制造业产业基础，上海的商务服务业取得迅猛发展。2004 年年底，上海商务服务业共有单位数 3 万多个，占生产性服务业总单位数的近 60%；从业人数约占生产性服务业总数的 50%，是生产性服务业中吸纳就业人数最多的行业。

一般而言，空间单元越小，越容易反映出城市内部空间的规律性和差异性。我国的产业和人口普查通常是以街道办事处（乡、镇）为最小单元进行统计的，以街区作为基本单元，能够保证城市内的可比性，同时资料的准确性也较高，因此在微观研究中较为常用。本书采用街区作为微观空间单元，统计样本上海市商务服务企业的地理属性。本书从工商部门统计数据总数挑选出符合本书界定的，并且能够明确其空间位置的商务服务业有效数据。由于大量的数据地址信息填写不规范，无法直接确定其空间位置，这部分数据整理工作花费了笔者大量的时间和精力。最终统计得到 5775 个商务服务业样本，对这些样本进行分类，根据样本地址进行街区统计，查找每个商务服务企业的地址，按其所属街区归类统计，建立样本空间属性数据库。根据企业所有制结构、业务类型和规模将其分类，如表 6.7 所示。

表 6.7　上海市商务服务业及子行业在区县的比重（单位：%）

地区	总体	国有外资	股份联营	个体私营	管理咨询	广告设计	中介代理	大型企业	中型企业	小型企业
闸北	7.12	6.06	7.11	7.30	7.17	7.44	6.79	5.47	7.33	7.59
杨浦	5.11	5.22	5.19	5.05	4.73	4.90	5.32	4.88	6.03	4.43
徐汇	15.29	17.51	16.10	14.51	16.15	15.87	13.45	17.91	15.37	14.58
松江	3.52	3.37	3.79	3.40	3.41	4.00	2.88	3.36	4.13	3.12
青浦	0.92	0.17	1.19	0.91	0.71	1.08	1.09	0.42	1.36	0.90
普陀	10.78	8.75	11.42	10.78	10.31	10.58	12.11	10.51	10.37	11.23
浦东	19.69	19.53	20.04	19.53	20.97	17.94	20.37	21.28	19.01	19.68
黄浦	6.08	11.62	5.50	5.49	7.30	4.90	6.09	7.23	4.89	6.35
闵行	7.77	4.21	7.22	8.64	7.35	8.99	6.60	5.55	9.02	7.85
静安	4.14	6.73	3.84	3.87	3.89	3.61	5.32	5.30	3.48	3.87
金山	0.58	0.67	0.67	0.52	0.66	0.65	0.38	0.50	0.65	0.68
嘉定	3.16	1.18	3.43	3.35	2.57	4.22	2.63	2.69	4.24	2.78
虹口	6.36	5.22	6.02	6.72	6.28	6.15	6.21	5.30	6.46	6.61
奉贤	1.15	0.51	0.93	1.37	0.93	1.29	1.35	1.35	1.09	1.09
崇明	0.19	0.17	0.05	0.27	0.13	0.30	0.13	0.08	0.00	0.34
长宁	5.06	6.57	4.52	5.10	5.13	4.47	5.89	5.72	4.02	5.11
宝山	3.07	2.53	2.96	3.21	2.30	3.61	3.40	2.44	2.55	3.79
总量/个	5775	555	1816	3404	2164	2144	1467	1269	1886	2620

从以上商务服务业的分类统计可以看出，商务服务业主要集中在徐汇区、浦东新区和普陀区三个区。其次为闸北、静安、黄埔、虹口、闵行、杨浦、长

宁几个区。而市区外围的几个区县，如松江、青浦、金山、嘉定、奉贤、崇明、宝山，则分布比重比较少。下面本书对样本数据进行街区分布的统计。

将 5775 个上海市商务服务企业样本按照街区进行样本统计，根据统计结果发现，商务服务企业数量最多几个街区分别为徐汇区的徐家汇街道和田林新村街道、闸北区的天目西路街道、浦东新区的陆家嘴街道等。

使用 ArcGIS 软件对上海市商务服务业总体分布的全局 Moran's I 指数进行测算，结果如表 6.8 所示。

表 6.8　上海市商务服务业全局 Moran's I

	全局 Moran's I
Moran's Index	0.899 003
Expected Index	–0.003 021
Variance	0.000 329
Z Score	49.719 272
p-value	0.000 000

全局 Moran's I 指数为 0.899 003，因此集聚特征非常明显。全局 Moran's I 指数关键在于描述某现象的整体分布状况，判断此现象在空间是否有聚集特性存在，但并不能确切地指出聚集在哪些地区。本书根据区县行政区划将每个区最主要的商务服务业集聚点罗列如表 6.9 所示。

表 6.9　上海市各区县商务服务业主要集聚点

区县	街区	企业数量/个
闸北区	天目西路街道	222
杨浦区	五角场街道	117
徐汇区	徐家汇街道	308
松江区	九亭镇	92
青浦县	徐泾镇	19
普陀区	中山北路街道	165
浦东新区	陆家嘴	174
静安区	静安寺街道	125
闵行区	颛桥镇	91
黄浦区	外滩街道	107
金山区	石化八村	7

续表

区县	街区	企业数量/个
嘉定区	真新新村	55
虹口区	欧阳路街道	79
奉贤区	钱桥镇	25
崇明县	城桥镇	3
长宁区	江苏路街道	111
宝山区	祁连镇	54

选取上海市商务服务业最主要的10个集聚街区，找到其空间分布（表6.10），可以看出商务服务业集中都分布在上海市核心几个区及浦东靠近浦西的两个街区。

表6.10　上海市商务服务业主要集聚街区

区县	街区	企业数量/个
徐汇区	徐家汇街道	308
徐汇区	田林新村街道	247
闸北区	天目西路街道	222
浦东新区	陆家嘴	174
普陀区	中山北路街道	165
普陀区	长寿路街道	138
浦东新区	潍坊新村	137
普陀区	真光路街道	136
静安区	南京西路街道	125
杨浦区	五角场街道	117

可以看出，商务服务业在不同区县的街区分布存在很大的不均衡性，在中心几个市区的街区最多可以分布数百个企业，而在郊区的几个区县分布最多的街区也只有不到100个，最少的只有几个。

2. 基于所有制结构的上海市商务服务业空间分布

Shearmur等（2002）考察了巴黎都市区17个高层次服务业的布局模式，发现服务业分布情况部门属性相关联。刘修岩等（2010）、张俊妮等（2006）、祁新华等（2010）的研究成果认为，企业所有制类型会对企业区位选址产生一定的影响。基于此，本书从所有制结构类型角度，结合样本数据分布，将商务服务业分为国有外资类企业、股份联营类企业、个体私营类企业，分别进行街区分布统计。

对基于所有制类型的商务服务业全局 Moran's I 进行测算得到表 6.11。从 Moran's I 指数看，国有外资类企业集聚程度最低，股份联营类次之，个体私营类集聚度最高。从分布特征看，如表 6.12 所示，国有外资类分布数量较多的几个街区是徐家汇街道、南京西路街道、田林新村街道和陆家嘴。而股份联营类企业集聚数量最多的几个集聚点是田林新村街道、徐家汇街道、天目西路街道和潍坊新村街道。个体私营类集聚数量最多是徐家汇街道、田林新村街道、天目西路街道和陆家嘴。从主要集聚街区分布看，国有外资类较为集中。

表 6.11　基于所有制类型的商务服务业全局 Moran's I

	国有外资类全局 Moran's I	股份联营类全局 Moran's I	个体私营类全局 Moran's I
Moran's Index	0.850 504	0.851 713	0.892 463
Expected Index	–0.003 021	–0.003 021	–0.003 021
Variance	0.000 327	0.000 329	0.000 329
Z Score	47.179 194	47.132 853	49.337 711
p-value	0.000 000	0.000 000	0.000 000

表 6.12　基于所有制结构的商务服务业主要集聚街区

国有外资类企业集聚街区			股份联营类企业集聚街区			个体私营类企业集聚街区		
区县	街区	数量/个	区县	街区	数量/个	区县	街区	数量/个
徐汇	徐家汇	38	徐汇	田林新村	91	徐汇	徐家汇	181
静安	南京西路	26	徐汇	徐家汇	89	徐汇	田林新村	131
徐汇	田林新村	25	闸北	天目西路	73	闸北	天目西路	128
浦东	陆家嘴	25	浦东	潍坊新村	51	浦东	陆家嘴	104
黄浦	外滩	24	普陀	中山北路	51	普陀	中山北路	101
闸北	天目西路	21	浦东	陆家嘴	45	普陀	真光路	86
浦东	潍坊新村	19	普陀	长寿路	44	普陀	长寿路	80
杨浦	五角场	15	普陀	真光路	41	浦东	南码头路	75
长宁	江苏路	15	浦东	歇浦路	39	长宁	虹桥路	69
普陀	长寿路	14	杨浦	五角场	38	闸北	共和新路	68

3. 基于业务类型的上海市商务服务业空间分布

根据Boiteux-Orain等（2004）、Searle（1998）、Shearmur等（2002）、Baro等（1993）的研究成果，商务服务业的业务类型不同，产品的创新性、定制化程度也有所不同，导致商务服务业对信息的敏感度、与客户的面对面交流程度有所差异，进而导致随着IT能力的不断提升，从事不同业务类型商务服务业企业空间分布会发生不断变化。与客户面对面交流程度较强的企业倾向于在接近客户所在地。为考察企业的空间分布规律，本书选择从业务类型角度将商务服务业划分为管理咨询类、广告设计类和中介代理类。根据不同主营业务将商务服务业样本进行街区分布统计。

从Moran's I指数上看，如表6.13所示，管理咨询类集聚度最低，广告设计类次之，中介代理类企业集聚度最高。如表6.14所示，管理咨询类几个突出的集聚点分别是徐家汇街道、天目西路街道、潍坊新村街道和中山北路街道。广告设计类企业集聚点分别为田林新村街道、徐家汇街道、天目西路街道和花木镇。中介代理类的集聚点为徐家汇街道、陆家嘴、南京西路街道和天目西路街道。

表6.13　基于业务类型的商务服务业全局Moran's I

	管理咨询类全局Moran's I	广告设计类全局Moran's I	中介代理类全局Moran's I
Moran's Index	0.785 742	0.802 664	0.909 241
Expected Index	−0.003 021	−0.003 021	−0.003 021
Variance	0.000 324	0.000 326	0.000 331
Z Score	43.794 032	44.648 397	50.168 233
p-value	0.000 000	0.000 000	0.000 000

表6.14　基于业务类型的上海市商务服务业空间集聚街区

管理咨询类企业集聚街区			广告设计类企业集聚街区			中介代理类企业集聚街区		
区县	街区	数量/个	区县	街区	数量/个	区县	街区	数量/个
徐汇	徐家汇	153	徐汇	田林新村	129	徐汇	徐家汇	69
闸北	天目西路	94	徐汇	徐家汇	86	浦东	陆家嘴	66
浦东	潍坊新村	94	闸北	天目西路	73	静安	南京西路	56
普陀	中山北路	73	浦东	花木镇	55	闸北	天目西路	55
徐汇	田林新村	68	普陀	长寿路	53	徐汇	田林新村	51
浦东	陆家嘴	63	松江	九亭镇	51	普陀	长寿路	49

续表

管理咨询类企业集聚街区			广告设计类企业集聚街区			中介代理类企业集聚街区		
区县	街区	数量/个	区县	街区	数量/个	区县	街区	数量/个
浦东	南码头路	55	普陀	真光路	50	普陀	中山北路	49
黄浦	外滩	55	普陀	中山北路	44	普陀	真光路	40
浦东	歇浦路	52	浦东	陆家嘴	43	长宁	江苏路	39
杨浦	五角场	50	闸北	共和新路	43	黄浦	外滩	31

4. 基于企业规模的上海市商务服务业空间分布

Alonso（1964）提出了竞租模型，即不同的服务行业因付租能力的不同而选择不同的区位，付租能力较高的先进生产服务业往往布局在条件最为优越的城市中心区，而占地面积大、付租能力低、对信息和市场不敏感的服务业一般布局在城市的近郊区。商务服务业空间分布受到企业规模和付租能力的影响。Shearmur 等（2002）认为规模不同的企业的区位选择也有所不同，如咨询行业中（管理、工程、计算机服务、广告）大的全球咨询公司趋向于定位在中心，而小的咨询公司趋向于分散。为探讨企业规模与商务服务业空间分布的关系，本书从注册资本角度对商务服务业的规模进行划分，将商务服务业分为小型企业（≤10 万元）、中型企业（10 万～100 万元）和大型企业（≥100 万元）。统计结果显示如表 6.15 所示。

表 6.15　基于企业规模的商务服务业全局 Moran's I

	大型企业全局 Moran's I	中型企业全局 Moran's I	小型企业全局 Moran's I
Moran's Index	0.832 891	0.786 108	0.933 398
Expected Index	–0.003 021	–0.003 021	–0.003 021
Variance	0.000 328	0.000 328	0.000 329
Z Score	46.127 915	43.565 900	51.592 305
p-value	0.000 000	0.000 000	0.000 000

从 Moran's I 指数上看，中型企业集聚度最低，大型企业次之，小型企业集聚度最高。从总体分布上看，大型企业分布范围较小，主要集聚点都集中在市区几个区。中型和小型企业分布相对广泛。中型企业和小型企业的集聚点分布也大型企业分散。但小型和中型企业的主要集聚点都在徐家汇、田林新村、

天目西路和中山北路，大型企业主要集聚点在田林新村、徐家汇、陆家嘴和天目西路，如表 6.16 所示。

表 6.16　基于企业规模的上海市商务服务业空间集聚街区

小型企业集聚街区			中型企业集聚街区			大型企业集聚街区		
区县	街区	数量/个	区县	街区	数量/个	区县	街区	数量/个
徐汇	徐家汇	136	徐汇	徐家汇	91	徐汇	田林新村	68
徐汇	田林新村	96	闸北	天目西路	75	徐汇	徐家汇	56
闸北	天目西路	90	徐汇	田林新村	73	浦东	陆家嘴	41
普陀	中山北路	77	普陀	中山北路	49	闸北	天目西路	37
浦东	陆家嘴	76	浦东	陆家嘴	42	静安	南京西路	37
普陀	真光路	72	杨浦	五角场	42	浦东	潍坊新村	35
普陀	长寿路	54	浦东	潍坊新村	40	普陀	长寿路	30
长宁	虹桥路	50	普陀	长寿路	39	浦东	歇浦路	29
闸北	共和新路	50	浦东	花木镇	38	普陀	中山北路	27
黄浦	外滩	49	浦东	南码头路	35	浦东	花木镇	26

6.4.3　实证检验及分析

空间单元的选择对空间研究至关重要。大空间尺度研究中将城市作为样本点。但城市内部发展并非同质，用城市作为样本点掩盖了城市内部的空间差异性（Fotheringham，1997；Fotheringham et al.，1999）。随着空间尺度变小，城市从点变成面，揭示的空间内容和空间属性也越来越丰富。多数学者选择以州、省份、区县等较大的空间单元研究企业空间分布问题，但大空间单元的选取可能会忽视对城市内企业空间分布的考察，无法揭示企业空间分布的微观机制。国外研究中，常用的基本空间单元主要有邮政编码分区（postal code zone）（Bingham，1995；Coffey et al.，1996）、经济或人口普查小区（census rract）和郡县（county）（Fujii et al.，1995）。国内研究中，基本空间单元的选择通常有区县行政区（宁越敏，2000），邮政编码分区（阎小培等，1997），街道办事处及乡、镇一级的行政单元（冯健等，2003；周一星，1996），以及按一定的标准划分的网格空间单元（仵宗卿，2000；樊绯，2001；王茂军等，2003）。区县行政区虽然资料比较容易获取，但其空间范围较大，难以深入剖析行政区内部的空间差异；网格单元虽然空间范围较小，但其划分标准具有一定的主观性，忽视了一些天然地理特征。国外的普查小区空间范围相对稳定，具有较好的延续性和可比性，研究中较为常用。而我国的产业和人口普查通常是以街区为最小单元。以街区作为基本单元，能够完成城市内的比较，资料的准确性也较高，微观层面的研究中较为常用。

当因变量是离散的整数，即为计数变量并且数值较小，取零的个数多，应该考虑应用计数模型。在计数模型中应用较广泛的是泊松模型（高铁梅，2009）。Wu（1999）采用该模型研究了外资企业在广州城市内部区位选择。Figueiredo 等（2002）研究了美国制造业在县级空间单元区位选择。张华等（2007）应用该模型研究了北京外资企业区位选择与通达性的关系。但是，张华并未对是否适用泊松模型作进一步的验证，没有验证条件均值和条件方差相等这个苛刻的条件是否满足。在适用计数模型的条件下，需要在泊松模型和负二项分布模型中进行选择。一般地，泊松模型的条件很难满足，本书改用负二项分布模型进行估计。吕卫国等（2009）以街道（建制镇）为空间单元，运用负二项分布模型分析南京制造企业的区位选择。负二项分布的对数似然函数为

$$L(\beta,\eta)=\sum_{i=1}^{N}\left\{y_i\ln\left[\eta^2\lambda_i\right]-(y+1/\eta^2)\ln\left(1+\eta^2\lambda_i\right)+\ln\Gamma(y_i+1/\eta^2)-\ln(y_i!)-\ln\Gamma(1/\eta^2)\right\} \tag{6.1}$$

其中，η^2 为和参数 β 一起估计的参数。当数据的离散程度很大，使得条件方差大于条件均值的时候，通常使用负二项分布模型。这样，条件方差大于条件均值，下面的矩条件成立：

$$E(y_i|X_i,\beta)=\lambda_i$$

$$\mathrm{var}(y_i|X_i,\beta)=\lambda_i(\eta^2\lambda_i)$$

其中，η^2 测量了条件方差超过条件均值的程度。

如果因变量的分布不能被假定为泊松分布，那么就要在其他分布假定之下执行准-极大似然估计（quasi-maximum likelihood estimation，QMLE）。即使分布被错误设定，这些准-极大似然估计量也能产生一个条件均值被正确设定的参数的一致估计，即对于这些 QMLE 模型，对一致性的要求是条件均值被正确设定（高铁梅，2009）。因此，使用负二项分布的 QMLE 来估计参数，对于固定的 η^2，可以得到参数 β 的准-极大似然估计。倘若 λ_i 被正确设定，即使 y 的条件分布不服从负二项分布，这个准-极大似然估计量仍然是一致的。

负二项分布回归的变量主要有被解释变量商务服务业分布，解释变量为信

息集聚能力，控制变量为经济水平、本地市场、区位通达性、知识溢出、产业链和政府。街区层面在模型选择上本书选择负二项分布的计数模型。衡量指标和数据来源如表6.17所示。

表6.17 变量衡量指标和数据来源

变量	衡量指标	数据来源	预期符号
商务服务业分布	空间单元内商务服务业数量	统计出每个空间单元内商务服务企业数量	
信息集聚能力	空间单元内信息服务业数量	统计出每个空间单元内信息服务企业数量	+
与信息集聚中心的距离	与信息集聚中心的欧式距离	选取信息服务企业最多的六个街区作为信息集聚地，测算每个街区距离最近的信息中心的欧氏距离，以此作为与信息集聚地的距离	−
经济水平	空间单元地价	根据《2010上海市基准地价修正体系》对空间单元的地价等级从0到9进行统计	+
本地市场	空间单元人口密度	空间单元人口总量与空间单元面积的比值	+
区位通达性	空间单元内交通枢纽数量	根据《上海市综合客运交通枢纽布局规划》，将上海市145个交通枢纽分为五个等级从4到0赋值，统计每个空间单元交通枢纽数量	+
知识溢出	空间单元内的大学院校	根据101个大学及分校，统计每个空间单元内的大学院校及其分校	+
产业链	空间单元内的园区	查询上海63个经济开发区所在地，统计每个空间单元内经济园区和开发区的数量	+
政府	空间单元内是否有政府机构	统计每个空间单元内是否有市区县政府	+

1. 街区商务服务业与信息服务业的地理联系率

使用地理联系率对上海市商务服务业及子行业与信息服务业地理联系率进行测算，得到商务服务业与信息服务业空间分布的地理联系率，如表6.18所示。

表6.18 商务服务业与信息服务业的地理联系率

商务服务业	与信息服务业的地理联系率
总体	75.946 11
国有外资类	69.156 05
股份联营类	74.461 71

续表

商务服务业	与信息服务业的地理联系率
个体私营类	74.870 85
管理咨询类	74.918 84
广告设计类	69.300 87
中介代理类	72.386 92
小型企业	74.036 44
中型企业	73.086 65
大型企业	72.833 37

从总体看，商务服务业与信息服务业的地理联系率较高，说明商务服务业在街区层面的分布也具有较显著的信息导向。从所有制结构看，国有外资类与信息服务业的地理联系度最低，个体私营类最高。从业务类型看，广告设计类与信息服务业的地理联系率比较低，管理咨询类比较高。从企业规模看，中型企业与信息服务业的地理联系率比较低，小型企业的联系率较高。这说明小型、个体私营、管理咨询类的企业区位有较高的信息集聚能力导向。

2. 负二项回归结果

从回归分析看，信息集聚能力显著影响了上海市商务服务业总体分布，如表 6.19；且空间单元商务服务业数量与和信息集聚地的距离成反比，假设全部成立。

控制变量本地市场和知识溢出因素对上海市商务服务业总体分布的影响不显著。本书对人口密度最高的 10 个街区进行统计（表 6.20），发现人口密度最高的街区没有一个是商务服务业企业数量前 10 位街区。一般来说，城市内部的居民点分布并非位于 CBD 中，而是围绕 CBD 外围，形成人口密集度较高的居民点。而且我国城市规划一般讲商务区和居民区进行分离建设，所以商务服务业数量较多的街区，一般不是高密度居民点。经过本书比较发现，人口密度最高的街区，大多数是围绕商务服务业较为密集的街区。

表 6.19　信息集聚能力对商务服务业空间分布的负二项分布回归

	总体	国有外资	股份联营	个体私营	管理咨询	广告设计	中介代理	小型企业	中型企业	大型企业
信息集聚能力	0.002 255 8***	0.001 5***	0.001 7***	0.001 9***	0.002 7***	0.001 4***	0.001 7***	0.001 9***	0.001 6***	0.001 4***
	(3.75)	(0.001 5)	(4.05)	(3.43)	(4.46)	(2.74)	(3.28)	(3.10)	(3.52)	(4.40)
集聚中心距离	−0.000 073***	−0.000 1***	−0.000 09***	−0.000 07***	−0.000 069**	−0.000 086***	−0.000 1***	−0.000 07***	−0.000 08***	−0.000 1***
	(−11.89)	(−8.52)	(−11.79)	(−11.15)	(−9.24)	(−11.74)	(−11.42)	(−10.69)	(−11.13)	(−10.32)
本地市场	-7.03×10^{-7}	-2.07×10^{-6}	-2.78×10^{-6}	-4.50×10^{-7}	-3.38×10^{-7}	-1.46×10^{-6}	-1.78×10^{-6}	-1.17×10^{-6}	-5.86×10^{-7}	-5.23×10^{-7}
	(−0.96)	(−1.15)	(−0.95)	(−0.61)	(−0.44)	(−1.60)	(−1.43)	(−1.42)	(−0.71)	(−0.51)
经济水平	0.126 3***	0.107***	0.087***	0.116 5***	0.109 7***	0.089**	0.080 7***	0.128 9***	0.067 3*	0.062 9*
	(4.05)	(3.40)	(2.86)	(3.81)	(3.45)	(2.83)	(2.62)	(4.43)	(2.14)	(2.00)
区位通达性	0.136 9***	0.128 4***	0.102 2***	0.139 5***	0.125 7***	0.116***	0.115 4***	0.153 4***	0.105***	0.101 1***
	(4.61)	(4.57)	(3.88)	(4.83)	(4.12)	(4.21)	(4.14)	(5.59)	(3.79)	(3.50)
知识溢出	−0.072 1	0.007 9	−0.046 7	−0.080 4	−0.076 8	−0.080	−0.029 3	−0.08	−0.042 1	−0.033 1
	(−0.70)	(0.22)	(−1.25)	(−1.05)	(−1.89)	(−0.94)	(−0.75)	(−2.06)	(−1.07)	(−0.83)
产业链	0.093 3*	0.063	0.098*	0.139*	0.109 9	0.252 2**	0.165 9*	0.182**	0.144*	0.065
	(2.92)	(0.48)	(1.99)	(1.91)	(0.98)	(2.56)	(1.56)	(1.89)	(1.70)	(0.56)
政府	0.652 8***	0.496 1**	0.592***	0.598***	0.806 8***	0.380 2*	0.662***	0.505 6***	0.501 1**	0.748 3***
	(3.95)	(3.17)	(3.95)	(3.74)	(4.78)	(2.39)	(4.23)	(3.29)	(3.17)	(4.55)
常数	2.965 124	1.022 8	2.345	2.513	1.932	2.509	2.149	2.183	2.26	1.822
	(15.02)	(4.12)	(11.57)	(12.77)	(8.93)	(12.32)	(10.00)	(11.42)	(10.79)	(7.81)
样本数	253	253	253	253	253	253	253	253	253	253
LR	442.47	400.54	426.84	421.88	392.57	403.76	423.01	425.54	387.29	337.80
显著性	0.000 0	0.000 0	0.000 0	0.000 0	0.000 0	0.000 0	0.000 0	0.000 0	0.000 0	0.000 0
P-R^2	0.160 1	0.290 1	0.207 0	0.171 5	0.185 5	0.184 2	0.220 5	0.186 5	0.189 5	0.196 0

注：括号内为 Z 统计量，LR 为似然比统计量，P-R^2 为 Pseudo R^2

***、**、*分别为 1%、5%和 10%水平上显著

表 6.20　上海市人口密度最高的 10 个街区

人口密度最高的街区
淮海中路街道
提篮桥街道
小东门街道
石门二路街道
嘉兴路街道
宜川新村街道
豫园街道
老西门街道
外滩街道
长风新村

随着我国高等教育的普及，高校招生规模在逐年扩大，多数高校的基础设施、资源已不能满足快速增长的学生需求。基于此，政府一般倾向于将大学城布局于发展空间较大的郊区，有利于高校规模的扩大、基础设施的完善和发展空间的拓展。上海也不例外，上海市高校较多的三个大学城分别位于松江、南汇和奉贤。而商务服务业在上海市中心区的集聚度较高，在郊区大学城所在街区分布数量较为有限，因而高校知识溢出因素对上海市商务服务业空间分布的影响不显著。

从所有制结构看，信息集聚能力对个体私营类企业影响最大，对股份联营类影响次之，对国有外资类影响较小。从业务类型看，信息集聚能力对管理咨询类企业的影响最大，对中介代理类次之，对广告设计类影响最小。从企业规模看，信息集聚能力对小型企业的影响最大，对大型企业和中型企业影响较小。这说明个体私营类、管理咨询类和小型企业对比较倾向于靠近信息源，以获得及时的、更新的消息。

因此，可以推断信息集聚能力能力将促使商务服务业总体集聚，但个体私营类、管理咨询类和小型企业的集聚趋势较大，而国有外资类、广告设计类和大型企业集聚趋势较小。

从空间分布看，商务服务业数量都有随着与信息集聚中心距离增加而减少的趋势，这证明商务服务业空间分布呈现围绕信息集聚中心分布的态势，信息在地里空间上呈现随距离衰减的态势。

6.5 实证结果讨论

本章以在城市层面以信息服务业从业人员衡量城市的信息集聚能力，对城市信息集聚能力进行描绘，发现其与商务服务业有比较明显类似的空间分布特征，从东部沿海到内地再到西部地区，呈现明显的梯度等级。东部沿海城市集聚程度最高，中部次之，西部集聚程度最低。在直辖市和省会城市的集聚度高于一般地方性城市。

利用从业人员数量，对商务服务业与制造业和其他服务业之间的地理联系率进行测算发现，商务服务业与信息服务业的空间分布的地理联系率最高，其次为房地产业和住宿、餐饮业。由此可以看出，商务服务业空间分布与信息服务业空间分布联系率最高，说明商务服务业空间分布有明显的信息导向。

对上海市 5775 家商务服务企业进行统计，以街区为单位描绘出其空间分布，发现商务服务业主要集中在徐汇区、浦东新区和普陀区三个区。全局 Moran's I 指数为 0.899 003，集聚特征非常明显。从所有制类型看，个体私营类集聚度最高，股份联营类次之，国有外资类较低。从业务类型看，中介代理类最高，广告设计类次之，管理咨询类最低。从企业规模看，小型企业集聚度最高，大型次之，中型最低。

在街区层面，采用信息服务企业数量对街区的信息集聚能力进行测度。采用街区的信息服务企业数量和商务服务企业数量数据，检验街区商务服务业与信息服务业的地理联系率，发现城市内部商务服务业与信息服务业空间分布协同度较高，说明商务服务业倾向于定位在信息集聚地区。

采用统计数据对城市商务服务业空间分布进行描绘，从商务服务业从业人员比重的洛伦兹曲线看，商务服务业省域集聚程度越来越高。

通过负二项分布回归检验信息集聚能力对商务服务业空间分布的影响，发现信息集聚能力对商务服务业集聚有明显的正效应。从所有制结构看，信息集聚能力对个体私营类企业影响最大，对股份联营类影响次之，对国有外资类影响较小。从业务类型看，信息集聚能力对管理咨询类企业的影响最大，对中介代理类次之，对广告设计类影响最小。从企业规模看，信息集聚能力对小型企业的影响最大，对大型企业和中型企业影响较小。商务服务业数量都有随着与信息集聚中心距离增加而减少的趋势，证明商务服务业空间分布呈现围绕信息集聚中心分布的态势。因此，可以推断信息集聚能力能力将促使商务服务业总体集聚，但个体私营类、管理咨询类和小型企业的集聚趋势较大，而国有外资类、广告设计类和大型企业集聚趋势较小。

第 7 章　信息辐射能力与商务服务业空间分布

7.1　信息辐射能力决定了全球城市等级

全球新的网络结构能够将相互分离的区域个体连接成一个独立的区域实体，在网络空间中，距离一般用心理距离来体现。发展范式产生转变，使地理空间面临再造，传统地理时空思维将予以重构。在网络化、信息化、虚拟化的流空间，各种新型的重要布局因素，如非物质性的知识、文化和技术等在空间上的扩散十分有效，使得对区位选择的距离性要求降低，它叠加到传统的地理因素对区位的决定之中，选择余地增大。在此应该强调一点，流空间继承了位空间的许多特性，又增添了网络空间中的新元素，为区位选择提供了新的逻辑关系。

以 Sassen 和 Castells 代表的世界城市理论学者强调用从信息流的角度来解释全球城市体系的需要，认为想要了解现在全球经济社会下城市相对位置，必须对基于信息流的城市网络进行分析。

商务服务业属于高端服务业，其发展水平与城市等级息息相关。在 IT 重构了地理空间后，商务服务业随着 IT 能力的提升在空间会出现何种分布状态也成为一个亟须关注的议题。基于此，本章从信息流的角度，研究信息辐射能力对商务服务业空间分布的影响。

7.2　商务服务业倾向于集聚在信息流较强的大城市

Grubesic 等（2011）认为由于 IT 是当今全球化的关键推动力，城市间信息流的问题变成了研究城市等级体系的中心。目前关于流空间的研究逐渐增多，主要有都市间信息流（Wheeler et al.，1989）、空间流及空间格局（Bryan，1998）；信息空间影响下地理空间关系的演变等（Starrs，1997）。

如前所述，在当今流空间的全球化网络结构中，地区优势表现在两种情况下：处于信息流的地区将获得优势并创造价值和获取财富；脱离了该信息流的地区将丧失优势。在这个过程中，地区间的联系基础和地区天资共同决定着地区是否可以获得优势。例如，地区在信息网络中的地位，以及由此而引起的生产要素流动的集聚与扩散条件，直接决定了一个地区的优势。同时，流空间也增强了某些特定地区的优势和信息流动，产生新的地区优势。流空间的大量应用，突破了传统地理学的时空限制，使地理研究走向一个充满信息流通的开放境地，特别是为信息地理研究展开了一个新尺度，导致地理思维、地理哲学的变化。流空间在弱化了原有地理要素重要性的同时，又为地理学增添了一系列新要素、赋予新的含义、提供了新的研究内容。目前就信息流对物质流的依附性和信息流对物质流的导引作用的研究已经有效展开，流空间网络结构中的节点、廊道、层次和变化的研究也孕育出诸多成果。

Sassen（2001）从企业功能视角研究包括商务服务业在内的高端生产性服务业在全球空间内的分布，对纽约、东京、伦敦生产性服务业集聚特征做了实证分析，认为在全球化背景下，生产性服务业特别是金融、会计、广告、咨询等高等级的生产性服务业，会高度集聚在为数不多的几个全球城市内。她认为全球化所导致的经济活动分散化使得强化中心控制与管理功能的必要性大大增加，由此，承担中心控制功能的高级生产性服务业高度集聚于全球性城市之内。由此可见，商务服务业倾向于集聚在信息流较强的大城市，便于控制全球化背景下的分散化经济。

基于上述分析和对信息辐射能力影响商务服务业空间分布机理的讨论，本章提出以下假设。

假设 7.1 较强的信息辐射能力对空间单元的商务服务业数量有正向影响。

本书基于企业所有制结构将商务服务业分为国有外资类商务服务业、股份联营类商务服务业和个体私营类商务服务业，以探求信息辐射能力对不同所有制结构的企业产生影响的差异性，因此提出以下假设。

假设 7.1（a） 较强的信息辐射能力对空间单元国有外资类商务服务企业数量有正向影响。

假设 7.1（b） 较强的信息辐射能力对空间单元股份联营类商务服务企业数量有正向影响。

假设 7.1（c） 较强的信息辐射能力对空间单元个体私营类商务服务企业数量有正向影响。

本书基于企业业务类型将商务服务业分为管理咨询类商务服务业、广告设计类商务服务业和中介代理类商务服务业，以探求信息辐射能力对不同所有制结构的企业产生影响的差异性，因此提出以下假设。

假设 7.1（d） 较强的信息辐射能力对空间单元管理咨询类商务服务企业数量有正向影响。

假设 7.1（e）　较强的信息辐射能力对空间单元广告设计类商务服务企业数量有正向影响。

假设 7.1（f）　较强的信息辐射能力对空间单元中介代理类商务服务企业数量有正向影响。

本书基于企业规模将商务服务业分为大型商务服务业、中型商务服务业和小型商务服务业，以探求信息辐射能力对不同所有制结构的企业产生影响的差异性，因此提出以下假设。

假设 7.1（g）　较强的信息辐射能力对空间单元大型商务服务企业数量有正向影响。

假设 7.1（h）　较强的信息辐射能力对空间单元中型商务服务企业数量有正向影响。

假设 7.1（i）　较强的信息辐射能力对空间单元小型商务服务企业数量有正向影响。

7.3　信息辐射能力与城市间商务服务业空间分布

7.3.1　城市信息辐射能力的测度

在 CS 相关研究的基础上，本书将搜索引擎的超链接研究方法应用该部分的研究，并对该方法进行修正和改进。

超链接研究方法存在一些短处（Devriendt et al.，2011）。首先，搜索的关键词较为模糊时，由于存在同名现象，容易产生冗余数据。例如，很多城市有北京饭店、北京旅馆、北京路，在查询城市北京时就会带来数据冗余。而且，很多城市被注册为商品品牌，如鄂尔多斯是内蒙古第三大城市，同时也是羊绒制品的公司名字。为尽量减少冗余数据，根据超链接研究方法，本部分采用精确查找，在搜索引擎中查找城市对名称，得到尽量精确且同时存在两个城市名称的超链接数量，以此反映了这两个城市之间的数字联系。在世界城市网络的研究中，城市对中城市名称顺序不同，搜索结果也不同。精确查找城市对的方法也避免了由名称顺序前后顺序不同搜索结果不同带来的麻烦。其次，国家间语言不同，也为数据搜集带来了一定的麻烦。例如，在北欧和北美用英语搜索结果较为可靠，但在东亚使用英语搜索就存在很大的局限性。在本书使用中文对中国城市对数字联系进行搜索。由于，中文在中国的绝大多数城市普及，语言限制的问题被有效控制。

在全球市场上谷歌是市场份额最大的搜索引擎，但谷歌 2011 年在中国的市场份额只有 18.3%，百度在中国的市场份额为 77.7%，因此本书采用百度进行数据收集。

通过百度搜索引擎对 287 个城市的超链接数量分别进行城市对搜索，得到了一个 287×287 的数据矩阵。通过对每个城市与其他 286 个城市超链接数量，可以刻画出每个城市向其他城市信息辐射能力的大小。采用 ArcGIS 软件对数据进行分析，可以得到城市总体信息辐射能力和城市信息辐射能力。

从城市总体信息辐射能力的分布上，可以看到城市的信息辐射能力呈现出极度不均衡的状态。城市信息辐射能力最强的是深圳，其次为广州、上海、北京和天津。表 7.1 是信息辐射能力排名前 10 位的中国城市。

表 7.1　城市信息辐射能力 TOP10

排名	城市	超链接数量/个	省份
1	深圳市	1 769 906	广东
2	广州市	1 764 300	广东
3	上海市	1 673 028	上海
4	北京市	1 640 456	北京
5	天津市	1 614 944	天津
6	重庆市	1 562 028	重庆
7	杭州市	1 552 822	浙江
8	东莞市	1 546 411	广东
9	南京市	1 538 052	江苏
10	武汉市	1 531 192	湖北

7.3.2　城市信息辐射能力的分布特征

从城市总体信息辐射能力和案例城市信息辐射能力的分布来看，可以发现以下几个特点。

首先，城市信息辐射能力呈现明显梯度性。从东南到西北，我国城市的信息辐射能力呈现递减状况。东部和南部沿海地区信息辐射能力最强，中部地区次之，西部和北部最弱。北京—天津、上海、广州—深圳三个城市和城市组成为了中国城市信息空间第一梯度的辐射中心，也是中国信息空间的一级核心。第二梯度辐射中心是东部南部沿海省份和中部省份省会，这些城市构成了区域信息空间的核心，也是全国信息空间的二级核心。第三梯度为东部南部沿海省份和中部省份非省会城市，以及西部省份的省会城市，这些地区构成了一级和二级核心的信息辐射腹地。而第四梯度为西部省会的一般城市，这些地区是信息辐射的边缘地区。

其次，东部和南部沿海地区和中部地区的信息辐射能力要强于西部和北部地区。在东部和南部各省份中，一般都有两个或两个以上的信息中心，如辽宁省的吉林和大连，山东省的青岛和济南，江苏省的南京和苏州，浙江省的杭州和宁波，福建省的福州和厦门，以及广东省的广州、深圳、东莞和佛山。而内陆省份一般都只有一个信息中心，如河南省的郑州、陕西省的西安、河北省的石家庄、黑龙江的哈尔滨。而西部和北部地区则缺乏较为突出的信息中心。

不同等级城市的信息空间分布特征不同。一级核心城市以上海为例。一级核心城市信息辐射能力较强，尤其与东部、南部和中部省会城市，和东部一般沿海城市信息互动强度较大。二级核心城市以杭州为例。二级核心城市与一级核心、部分临近省会和省内及邻近省份经济较为发达的一般城市信息互动强度较大，其次为东部、南部沿海省会和中部省会城市及省内各城市。一般腹地城市以湖州为例。一般腹地城市与省内各城市及邻近省份临近城市的信息互动强度较大，其次是一级核心城市。

7.3.3　实证检验及分析

由于要检验信息辐射能力对商务服务业集聚的影响程度，本书在计量方法上采用线性回归的方法进行实证。以信息辐射能力假说为基础模型，同时引入控制变量和地理区位虚拟变量进行考察。本书借助广义最小二乘估计（generalized least squares estimation，GLSE）对数据进行修正。

本书选取了其中 231 个地级及以上城市作为样本，数据主要来自 2010 年的《中国城市统计年鉴》，在模型的选择上，根据上述的计量方法，将计量模型形式设定为

$$\text{busipopu}_i = \alpha_0 + \alpha_1 x_i + \alpha_2 \text{gpos} + u_i$$

$$x_i = \beta_1 \frac{\text{manu}_i}{\text{manu}} + \beta_2 \frac{\text{info}_i}{\text{info}} + \beta_3 \frac{\text{fina}_i}{\text{fina}} + \beta_4 \frac{\text{stud}_i}{\text{stud}} + \beta_5 \frac{\text{popu}_i}{\text{popu}} + \beta_6 \frac{\text{GDP}p_i}{\text{GDP}p} + \beta_7 \frac{\text{tran}_i}{\text{tran}}$$

其中，α_0为常数项；α_1、α_2、α_3、β_1、β_2、β_3、β_4、β_5、β_6、β_7为待估参数；gpos 为虚拟变量。

busipopu_i表示第 i 个城市的商务服务业集聚程度。由于本书受数据限制，以往的空间基尼系数、E-G 系数或 Hoover 地方化系数等反映行业集聚程度的

指标均不适用于本部分。在关于各个地区制造业集聚水平上国内外很多学者都用工业总产值比重来衡量产业集聚（Wen，2004）。由于制造业产品是有形的，在统计口径和统计方法上都已经较为完善，采用这样的指标有一定的合理性；但由于中国服务业统计制度不完善，采用总产值比重来衡量地区服务业集聚不太合适，因此本书采用了城市单位从业人员与全国城市平均单位从业人员的比重来衡量地区生产性服务业集聚程度。

manu_i 表示产业链因素，取值为第 i 个城市的制造业业集聚程度。采用城市单位从业人员占全国城市平均单位从业人员的比重来衡量地区生产性服务业集聚程度。

info_i 代表信息辐射能力，用第 i 个城市的平均超链接数量表示。$\overline{\text{info}}$ 表示全国城市的平均超链接数量，两者的比值作为城市信息辐射能力的衡量指标。

fina_i 表示第 i 个城市的非公共财政支出水平，以此表示第 i 个城市的政府规模，$\overline{\text{fina}}$ 表示全国城市非公共财政支出水平的平均值。

stud_i 为第 i 个城市高校大学生数量，代表城市的知识溢出，$\overline{\text{stud}}$ 表示全国城市平均高校大学生数量，两者的比值作为城市知识密度的代理变量。

popu_i 表示第 i 个城市的人口，代表本地市场，本书用 Alonso（1964）的人口指标来表示城市规模，$\overline{\text{popu}}$ 表示全国城市人口数量的平均值，用两者的比值来衡量城市规模。

$\text{GDP}p_i$ 表示第 i 个城市当年的人均 GDP，用来衡量该城市的经济水平。$\overline{\text{GDP}}$ 表示当年全国城市的平均人均 GDP。

tran_i 表示第 i 个城市当年的货运量，用来衡量该城市的通达性。$\overline{\text{tran}_i}$ 表示当年全国城市的平均货运量。

gpos 表示虚拟变量地理位置。根据经济地理学理论，产业集聚很大一部分原因是地理位置差异，如资源禀赋等，为了考察生产性服务业集聚是否受地理位置的影响，本书在模型设定上引入虚拟变量 gpos。

由于中国城市发展不平衡，在人力资本的分布、信息化水平、城市规模和市场化程度等都存在差距的情况下，本书从传统经济地理学视角出发，将中国城市分为两组进行考察。一组是地理区位优势较为明显的东部沿海地区；另一组是不具备地理区位优势的中西部内陆地区。其中，东部地区包括北京、河北、天津、辽宁、山东、江苏、上海、浙江、福建、广东和海南等 11 个省份共 92 个城市；而剩余的为中西部，共计 139 个城市。gpos=1 代表城市在东部沿海，gpos=0 代表城市在内陆地区。采用 Stata 11.0 软件在对数据进行多重共线性和异方差的检验后，得到回归结果如表 7.2 所示。

表 7.2　回归结果

	全国	东部	西部
信息辐射能力	0.005 718 1** （0.001 141 4）	0.007 319 1*** （0.002 165 9）	0.000 233 9* （0.000 501 4）
经济水平	0.000 011 6** （4.37e-06）	0.000 014 8** （9.52e-06）	2.96e-06** （1.60e-06）
本地市场	0.000 626 1*** （0.001 13）	0.001 943 7** （0.002 799 8）	0.001 132 5*** （0.000 361 5）
通达性	8.05e-06** （5.59e-06）	0.000 048 8** （0.000 023 5）	8.24e-07** （1.49e-06）
知识溢出	8.72e-07** （1.08e-06）	3.84e-06** （2.55e-06）	1.17e-06* （3.83e-07）
产业链	0.055 821 4*** （0.006 640 3）	0.061 854 9*** （0.011 756）	0.033 045 6*** （0.004 603 6）
政府	3.59e-07* （4.10e-08）	3.92e-07* （7.42e-08）	1.12e-07** （2.28e-08）

注：括号内为标准误差

***、**、*分别为 1%、5%和 10%水平上显著

从全国样本看，各个解释变量均通过了显著性检验，表明各个解释变量对中国服务业集聚具有比较强的解释力，说明信息辐射能力对商务服务业空间集聚有正向影响。这也有力地反驳了 Quah（2001）等提出的“经济地理距离消亡论”和“集聚经济终结论”的观点。东部样本商务服务业集聚的首要影响因素是产业链与 IT 因素。但在西部样本中，主要影响因素为产业链和城市规模。这说明在经济发达地区，信息辐射能力会促进商务服务业空间集聚，而在经济水平不发达地区，这种促进效应就要弱一些。

7.4　信息辐射能力与城市内商务服务业空间分布

7.4.1　街区信息辐射能力的测度

关于城市内部的网络信息空间分布的研究文献还很少，仅有少数学者开始涉足（汪明峰等，2002）。Zook（1998，2000）图解了商业域名在美国大都市区（如纽约市和旧金山市）内部的空间分布，结果显示这些域名明显集中分布于城市的中央商务区。Malecki（2000）的研究也有类似的结论。以 Moss 等（1999a）为首的研究小组设计了城市综合性门户网站的评价框架，用以比较美国主要大城市的网站空间设计，并提出了城市网络信息空间的优化措施。在总结了未来互联网发展的几种模式后，Moss 等（1999b）又对社区层面的网站建设进行了探讨，最后提出城市发展的政府信息战略。同时，也有其他学者开始关注城市网络信息空间的规划问题，Graham（1999）、Graham 等（1999）试图将电子通信手段整合入城市规划领域，朝着城市网络信息空间的规划迈进了一步。

由于微观层面空间单元街区的门户网站很多未建立，网站结构分析方法失效。本书选择用搜索引擎的超链接方法，用上海市 253 个街区对应的街道、乡镇名称，检索出街区的超链接数量，得到 253×253 的数据矩阵，根据超链接数据矩阵可以对上海市街区的信息空间进行刻画。

7.4.2 街区信息辐射能力的分布特征

从对 2012 年上海市街区信息辐射能力的测度结果可以看到，上海市信息辐射能力的较强的街区集中在黄埔区、杨浦区、静安区等几个中心区。崇明县、浦东新区、松江区、青浦区等郊区区县的信息辐射能力较弱。表 7.3 为 2012 年上海市街信息辐射能力前 10 位的街区，表 7.4 为 2012 年上海市各区县主要信息辐射能力较强的街区。

表 7.3 上海市街区信息辐射能力 TOP10

区县	街区	超链接/个
徐汇区	徐家汇街道	3 840 000
黄浦区	外滩街道	3 470 000
浦东新区	陆家嘴	3 470 000
黄浦区	人民广场街道	2 880 000
普陀区	中山北路街道	2 660 000
静安区	南京西路街道	2 550 000
杨浦区	五角场街道	2 400 000
卢湾区	淮海中路街道	2 360 000
黄浦区	南京东路街道	2 190 000

表 7.4 各区县主要信息辐射能力较强的街区

区县	街区	超链接/个
闸北区	天目西路街道	1 510 000
杨浦区	五角场街道	2 400 000
徐汇区	徐家汇街道	3 840 000
松江区	九亭镇	1 140 000
青浦县	华新镇	655 000
普陀区	中山北路街道	2 660 000
浦东新区	陆家嘴	3 470 000
静安区	南京西路街道	2 550 000

续表

区县	街区	超链接/个
闵行区	七宝镇	667 000
黄浦区	淮海中路街道	2 360 000
金山区	朱泾镇	599 000
嘉定区	南翔镇	836 000
虹口区	四川北路街道	1 920 000
奉贤区	奉城镇	412 000
崇明县	城桥镇	474 000
长宁区	虹桥路街道	1 950 000
宝山区	友谊路街道	1 080 000

从各区县辐射能力较强的街区看，中心城区和郊区不均衡性很大。例如，徐汇区的徐家汇街道信息辐射能力是奉贤区奉城镇的 9 倍多。

7.4.3　实证检验与分析

负二项分布回归的变量主要有被解释变量商务服务业分布，解释变量为信息辐射能力，控制变量为经济水平、本地市场、区位通达性、知识溢出、产业链和政府。各变量的衡量指标和数据来源表示如表 7.5 所示。

表 7.5　负二项回归变量衡量指标及数据来源

变量	衡量指标	数据来源	预期符号
商务服务业分布	空间单元商务服务业数量	统计出每个空间单元内商务服务企业数量	
信息辐射能力	空间单元的平均超链接数量	对空间单元的超链接数量进行搜索查询	+
经济水平	空间单元地价	根据《2010 上海市基准地价修正体系》对空间单元的地价等级从 0 到 9 进行统计	+
本地市场	空间单元人口密度	空间单元人口总量与空间单元面积的比值	+
区位通达性	空间单元内交通枢纽数量	根据《上海市综合客运交通枢纽布局规划》，将上海市 145 个交通枢纽分为五个等级从 4 到 0 赋值，统计每个空间单元交通枢纽数量	+
知识溢出	空间单元内的大学院校	根据 101 个大学及分校，统计每个空间单元内的大学院校及其分校	+
产业链	空间单元内的园区	查询上海 63 个经济开发区所在地，统计每个空间单元内经济园区和开发区的数量	+
政府	空间单元内是否有政府机构	统计每个空间单元内是否有市区县政府	+

采用 Stata 软件对数据进行负二项回归分析，分析结果如表 7.6 所示。

表 7.6　信息辐射能力对商务服务业空间分布的负二项回归

	总体	国有外资	股份联营	个体私营	管理咨询	广告设计	中介代理	小型企业	中型企业	大型企业
信息辐射能力	$2.82\times10^{-7***}$	$1.85\times10^{-7*}$	$1.99\times10^{-7*}$	$2.90\times10^{-7***}$	$2.22\times10^{-7**}$	$2.62\times10^{-7**}$	$2.33\times10^{-7**}$	$2.77\times10^{-7***}$	$2.50\times10^{-7**}$	$2.03\times10^{-7*}$
	(2.67)	(1.73)	(1.89)	(2.83)	(2.11)	(2.52)	(2.14)	(2.83)	(2.38)	(1.75)
本地市场	-1.90×10^{-7}	-2.79×10^{-7}	-1.45×10^{-6}	6.01×10^{-8}	1.03×10^{-7}	-7.15×10^{-7}	-6.97×10^{-7}	-5.42×10^{-7}	1.38×10^{-7}	1.30×10^{-7}
	(−0.19)	(−0.20)	(−1.05)	(0.06)	(0.10)	(−0.67)	(−0.50)	(−0.55)	(0.13)	(0.10)
经济水平	0.352 379***	0.333 172 5***	0.347 983 7***	0.331 057 8***	0.324 484 1***	0.337 638 8***	0.341 243 9****	0.326 432 3***	0.323 475 5***	0.344 693 7***
	(10.85)	(9.77)	(10.30)	(10.38)	(9.76)	(10.43)	(9.79)	(10.62)	(9.72)	(9.55)
区位通达性	0.352 425 7***	0.348 729***	0.316 417 8***	0.344 364 2***	0.340 345 8***	0.030 969 15***	0.349 842 4***	0.344 982 8***	0.305 986 9***	0.360 657 5***
	(11.35)	(10.24)	(9.96)	(11.31)	(10.69)	(9.72)	(10.94)	(11.62)	(9.77)	(10.03)
知识溢出	−0.013 585 9	−0.017 103 5	0.004 313 7	−0.041 506 7	−0.033 269 6	−0.053 759 4	−0.002 564 9	−0.044 148 2	−0.016 697 1	0.002 658 3
	(−0.22)	(−0.30)	(0.07)	(−0.70)	(−0.56)	(−0.88)	(−0.04)	(−0.78)	(−0.28)	(0.04)
产业链	0.294 005 6**	0.083 559 4	0.253 608 9*	0.301 388 7**	0.060 184 4	0.399 458 6***	0.271 990 5*	0.300 605 6	0.289 925 3**	0.212 443 3
	(2.29)	(0.55)	(1.89)	(2.41)	(0.44)	(3.16)	(1.94)	(2.49)	(2.18)	(1.38)
政府	0.514 804 5**	0.368 434 5*	0.507 164***	0.491 752 5**	0.664 688 1***	0.280 546 2	0.525 993 2**	0.381 797**	0.461 215 3**	0.576 756 8**
	(2.44)	(1.71)	(2.39)	(2.39)	(3.09)	(1.35)	(2.42)	(1.93)	(2.17)	(2.47)
常数	0.840 099 7	−1.422 953	−0.094 573	0.435 562 8	−0.008 621	0.147 675 1	−0.434 078 9	0.181 820 5	−0.102 989 7	−0.825 600 3
	(6.86)	(−8.25)	(−7.1)	(3.55)	(−7.02)	(3.16)	(−2.98)	(5.11)	(7.7)	(−5.22)
样本数	253	253	253	253	253	253	253	253	253	253
LR	306.49	287.47	269.45	299.18	284.90	264.02	270.53	310.22	260.97	252.74
显著性	0.000 0	0.000 0	0.000 0	0.000 0	0.000 0	0.000 0	0.000 0	0.000 0	0.000 0	0.000 0
$P\text{-}R^2$	0.110 9	0.208 2	0.130 7	0.121 7	0.134 6	0.120 4	0.141 0	0.136 0	0.127 7	0.146 6

注：括号内为 Z 统计量，$P\text{-}R^2$ 为 Pseudo R^2

***、**、*分别为 1%、5%和 10%水平上显著

从回归分析看，信息辐射能力显著影响了上海市商务服务业总体及子行业的分布，因此假设全部成立。

就所有制结构看，信息辐射能力对国有外资类和股份联营类企业空间分布的影响较小，而对个体私营类企业空间分布的影响较大。由此可以看出，个体私营类企业对空间信息流的敏感性较强，较倾向于定位在空间信息流交互较为频繁活跃的区位。

就业务类型看，信息辐射能力对广告设计类影响最大，对管理咨询类、和中介代理类企业的相关性较小。中介代理类对即时信息流的需求较大，因而受信息辐射能力的影响也比较大。

从企业规模看，信息辐射能力对小型企业空间分布的影响最大，对大型企业空间分布的影响较小。这是因为尽管中心城区对付租能力要求较高，但商务服务业规模一般不大，因而消费的面积比较小。

因此，个体私营类、小型中介服务企业的空间分布受信息辐射能力的影响最大，国有外资类、管理咨询类、大型企业空间分布受信息辐射能力的影响最小。可以推断信息辐射能力会促进商务服务业空间集聚，但相比其他类型的商务服务业，个体私营类、小型、中介服务类商务服务业比其他类型的服务业，更倾向于集聚在信息辐射能力较强的区位。

7.5　实证结果讨论

本章采用超链接分析法刻画中国城市的信息辐射能力，检验了各城市的基于信息流的中国城市等级体系，将等级体系划分为为四个梯度，北京—天津、上海、广州—深圳三个城市和城市组成为了中国城市信息空间第一梯度的辐射中心，也是中国信息空间的一级核心。第二梯度辐射中心是东部南部沿海省份和中部省份省会，这些城市构成了区域信息空间的核心，也是全国信息空间的二级核心。第三梯度为东部南部沿海省份和中部省份非省会城市，以及西部省份的省会城市，这些地区构成了一级和二级核心的信息辐射腹地。而第四梯度为西部省会的一般城市，这些地区是信息辐射的边缘地区。

采用多元回归模型实证研究信息辐射能力对商务服务业空间分布的影响，并引入虚拟变量将城市样本分为东部和西部地区分别讨论。结果发现从全国样本看，信息辐射能力对商务服务业空间集聚有正向影响。这也有力地反驳了“经济地理距离消亡论”和“集聚经济终结论”的观点。东部样本商务服务业集聚的首要影响因素是产业链与 IT 因素。但在西部样本中，主要影响因素为产业链和城市规模。在西部地区，IT是与商务服务业的集聚影响较弱。这说明在经济发达地区，信息辐射能力会促进商务服务业空间集聚，而在经济水平不发达地区，这种促进效应就要弱一些。

采用超链接分析方法对上海市街区的信息辐射能力进行评价，结果发现信息辐射能力的中心集中在黄埔区、杨浦区、静安区等几个中心区。崇明县、浦东新区、松江区、青浦区等郊区区县的信息辐射能力较弱。

采用负二项回归实证考察街区信息辐射能力对商务服务业空间分布的影响，结果发现信息辐射能力对商务服务业空间分布产生正向影响；但对不同类型商务服务业空间分布的影响存在一定的差异性。从所有制结构看，信息辐射能力对个体私营类企业影响最大，对股份联营类企业影响次之，对国有外资类企业影响最小；从业务类型看，信息辐射能力对广告设计类企业的影响最大，对中介代理类企业的影响次之，对管理咨询类企业的影响最小；从企业规模看，信息辐射能力对小型企业的影响最大，对中型企业的影响次之，对大型企业的影响最小。可以推断信息辐射能力会促进商务服务业空间集聚，但相比其他类型的商务服务业，个体私营类、小型、中介服务类商务服务业比其他类型的服务业，更倾向于集聚在信息辐射能力较强的区位。

第 8 章　信息通达性与商务服务业空间分布

8.1　光纤网络与群岛经济

随着知识经济的到来，信息和技术资源成为企业发展的决定性因素之一，企业的区域集聚不再仅限于原料、劳动力资源成本的考虑，而是基于信息和技术渠道的畅通。接近便宜的、可靠的和高带宽设施是很多时间敏感型产业的首要需求，从发展角度，提供这种设施对想要吸引这种企业的城市和地区很重要（Mack et al.，2012）。

虽然光纤电讯骨干网在全球铺展，以光速传递数据，但不同连接水平造成了信息流和连接的全球两极分化景象，造成群岛经济（Graham et al.，1996）。更高连接的城市作为信息流、物流和人流的连接点获得了巨大的经济收益，许多都市区没有被连接，变成电信网格和世界经济的边缘（Rimmer，1998）。互联网由网络、节点、网站、传输设备、用户、网络公司组成，它们都有特定的地理定位；电信运营商和基本传输介质的不均衡分布导致的地理学影响也不尽相同（Stefan，1999）。基于此，本章分析信息通达性对商务服务业空间分布的影响。

8.2　信息通达性重构了城市空间位势

互联网基础设施在空间上的分布并不是均衡的。Graham 等（1996）也指出，互联网基础设施区位遵循原有的全球城市等级发展。Malecki（2000）调查了全球主要城市所拥有的互联网骨干网络带宽与网络数量等数据，发现全球范围的网络信息中心的分布倾向于世界城市。Townsend（2001）在分析了互联网全球骨干网络的空间结构和通达性后，发现信息通信技术推动的城市之间国际连接与以前形成的体系有很大区别，城市以不同方式加入网络，一些新的“网络化城市”（networked city）正在崛起。Grubesic 等（2002）使用接入点（point of presence，POP）来测量美国城市在商业互联网中的通达性，发现有利的地理区位增强了一些城市在网络中的重要性。Walcott 等（2001）以亚特兰大为对象，研究了城区光纤网络分布与城市发展的关系。Mitchelson

等（1994）对美国互联网骨架与新城市网络结构关系的研究表明，互联网结构、网络容量及城市的网络地位作用显著。Moss等（1997）也从骨干网容量和连通性两个方面考察了美国主要城市在互联网中的等级层次。Huh等（2003）利用主要互联网服务供应商（Internet service provider，ISP）的数据分析了韩国互联网的节点可达性及其与城市等级体系之间的关系。由上述研究可以看出，信息通达性在一定程度上促进了城市在空间中位势的重构，光纤网络节点城市具有信息传输上得天独厚的优势，成为经济发展的优势地区。

Daniels（1985）认为因为不同类别服务业对产业区位影响因素不同，所以在空间分布上受集聚经济的影响程度也不同，进而造成在空间分布上的集中程度也有所不同。消费性服务业常依人口分布而定，生产性服务业则主要考量信息获得或资讯流通的便利性等因素决定其区位。

基于上述文献及对信息通达性影响商务服务业空间分布的机理分析，本章提出以下假设。

假设8.1 较强的信息通达性对空间单元内商务服务业数量有正向影响。

本书基于企业所有制结构将商务服务业分为国有外资类商务服务业、股份联营类商务服务业和个体私营类商务服务业，以探求信息通达性对不同所有制结构的企业产生影响的差异性，因此提出以下假设。

假设8.1（a） 较强的信息通达性对空间单元国有外资类商务服务企业数量有正向影响。

假设8.1（b） 较强的信息通达性对空间单元股份联营类商务服务企业数量有正向影响。

假设8.1（c） 较强的信息通达性对空间单元个体私营类商务服务企业数量有正向影响。

本书基于企业业务类型将商务服务业分为管理咨询类商务服务业、广告设计类商务服务业和中介代理类商务服务业，以探求信息通达性对不同所有制结构的企业产生影响的差异性，因此提出以下假设。

假设8.1（d） 较强的信息通达性对空间单元管理咨询类商务服务企业数量有正向影响。

假设8.1（e） 较强的信息通达性对空间单元广告设计类商务服务企业数量有正向影响。

假设8.1（f） 较强的信息通达性对空间单元中介代理类商务服务企业数量有正向影响。

本书基于企业规模将商务服务业分为大型商务服务业、中型商务服务业和小型商务服务业，以探求信息通达性对不同所有制结构的企业产生影响的差异性，因此提出以下假设。

假设 8.1（g）　较强的信息通达性对空间单元大型商务服务企业数量有正向影响。

假设 8.1（h）　较强的信息通达性对空间单元中型商务服务企业数量有正向影响。

假设 8.1（i）　较强的信息通达性对空间单元小型商务服务企业数量有正向影响。

8.3　信息通达性与城市间商务服务业空间分布

8.3.1　城市信息通达性的评价

国内外一些学者基于互联网拓扑结构对信息通达性进行了分析。Wheeler 等（1999）最早采用拓扑学方法分析美国商业互联网的骨干网络，并进行了测评骨干网络的信息通达性。Gorman 等（2000）在此基础上改进方法，分析了美国主要接入网的空间结构。Grubesic 等（2002）研究了光纤骨干网络 POP，注意到这些节点主要集中在大型城市；分析了互联网的数据，显示出美国信息流在进入和退出连接上不均衡。汪明峰等（2006）在回顾有关通信网络与城市体系的文献基础上，尝试建立一种评价中国互联网城市可达性的方法，并对五大骨干网络的空间结构和节点可达性进行了分析。孙中伟等（2006）从 2000 年年底全国干线光缆传输网结构和容量入手，对其建设状况进行了初步的地理分析，着重考察了基于这种信息网络基础设施之上的中国城市体系格局。汪明峰等（2004）从互联网骨干网络拓扑结构入手，对中国互联网进行了初步的地理学分析，着重考察了基于这种新的信息基础设施架构之上的中国城市体系格局。本书采用互联网拓扑结构的研究方法，选取骨干网络上的节点城市，认为节点城市的信息通达性相对较好，属于信息通达性优势区位。

在 2002 年国务院对中国通信业进行改革后，基础电信业务市场形成了中国电信、中国网通、中国移动、中国联通、中国卫星和铁通公司 6 家竞争的新市场格局。互联网骨干运营单位也由原来的 10 家调整为中国电信、中国联通、中国移动、中国卫星、新的中国网通集团、教育网、科技网、国际电子商务网和长城网 9 家。其光纤网络结构见附录 F。本书对中国互联网拓扑结构中的节点城市进行统计，以节点城市作为信息通达性较好的城市，如表 8.1 所示。

表 8.1　中国互联网节点城市

互联网节点城市	互联网节点城市	互联网节点城市	互联网节点城市
白城市	连云港市	海口市	天津市
北海市	洛阳市	杭州市	乌鲁木齐市
北京市	南昌市	合肥市	芜湖市
长春市	南京市	衡水市	武汉市
长沙市	南宁市	衡阳市	西安市
成都市	南平市	呼和浩特市	西宁市
承德市	南通市	湖州市	襄樊市
大连市	南阳市	怀化市	信阳市
福州市	秦皇岛市	黄冈市	徐州市
阜新市	青岛市	济南市	银川市
广州市	上海市	金华市	榆林市
贵阳市	深圳市	荆州市	湛江市
桂林市	石家庄市	九江市	郑州市
哈尔滨市	太原市	开封市	重庆市

8.3.2　实证结果及分析

1. 空间基尼系数的测算

本部分选取骨干网络上的节点城市，作为信息优势区位。首先对制造业在地理优势区位和信息通达性优势区位上的空间基尼系数进行计算，如表 8.2 所示。

表 8.2　制造业在沿海地区和信息节点地区的基尼系数

年份	制造业		商务服务业	
	东部城市	网络节点城市	东部城市	网络节点城市
2003	0.001 11	0.000 91	0.028 01	0.028 09
2004	0.001 77	0.001 39	0.062 31	0.062 35
2005	0.001 93	0.001 39	0.057 40	0.057 36
2006	0.001 72	0.000 98	0.035 32	0.035 12
2007	0.001 40	0.000 81	0.038 34	0.038 06
2008	0.001 69	0.001 00	0.038 37	0.038 13
2009	0.001 81	0.001 09	0.045 87	0.045 75

从计算出的空间基尼系数看，制造业在东部城市的集聚度要大于在网络节点城市的集聚度，说明制造业更倾向于集中在地理区位较为优越的地区。商务服务业主要集聚在东部发达地区和网络节点城市。商务服务业在东部地区和网络节点城市的集聚度相近。但从平均水平来看，商务服务业在网络节点城市的集聚度要大于东部发达地区的集聚度。这说明商务服务业在网络节点城市的评价集聚度会更高。

2. 面板数据回归

本部分在第 4 章多元回归模型的实证分析基础上，引入信息通达性的虚拟变量，对模型进行扩展。选取了其中 231 个地级及以上城市作为样本，数据主要来自 2004～2010 年的《中国城市统计年鉴》。在模型的选择上，根据第 3 章的计量方法，引入信息通达性的虚拟变量，将计量模型形式扩展为

$$\text{busipopu}_i = \alpha_0 + \alpha_1 x_i + \alpha_2 \text{gpos} + \alpha_3 \text{epos} + u_i$$

$$x_i = \beta_1 \frac{\text{manu}_i}{\overline{\text{manu}}} + \beta_2 \frac{\text{info}_i}{\overline{\text{info}}} + \beta_3 \frac{\text{fina}_i}{\overline{\text{fina}}} + \beta_4 \frac{\text{stud}_i}{\overline{\text{stud}}} + \beta_5 \frac{\text{popu}_i}{\overline{\text{popu}}} + \beta_6 \frac{\text{GDP}p_i}{\overline{\text{GDP}p}} + \beta_7 \frac{\text{tran}_i}{\overline{\text{tran}}}$$

其中，α_0为常数项；α_1、α_2、α_3、β_1、β_2、β_3、β_4、β_5、β_6、β_7为待估参数；gpos、epos 为虚拟变量。

info_i代表 IT 因素，用第 i 个城市的信息化水平表示。由于该指数涉及众多指标，鉴于数据所限，本书仅以人均电话表示。$\overline{\text{info}}$表示全国城市的平均人均电话数量，两者的比值作为衡量信息化水平的衡量指标（陈建军等，2009）。

epos 表示虚拟变量信息通达性。由于网络结构布局不均衡，很多地区网络辐射不够。本书在骨干网络拓扑结构的基础上，将全国城市分为网络节点城市和一般城市。其中，节点城市是中国互联网骨干网络的节点，在全国共有 56 个城市（剔除部分数据不完全的城市），本书认为其信息技术能力要高于剩余的非节点城市（171 个），是信息通达性优势区位。epos=1 代表城市是信息节点，epos=0 代表城市不是信息节点，信息通达性就处于劣势。

本书采用 Stata 11.0 在对面板数据进行单位根检验和协整性检验后，进行 Hausman 检验后，选择固定效应模型，经数据分析后回归结果如表 8.3 所示。

表 8.3　数据回归分析结果

	节点	非节点
IT	0.010 900 9***（0.002 992 8）	0.000 403 5*（0.000 386）
经济水平	9.07×10^{-6}**（0.000 018 8）	2.73×10^{-6}*（1.33×10^{-6}）
本地市场	0.003 451 7**（0.004 350 8）	0.000 614 9***（0.000 301 2）

续表

	节点	非节点
通达性	0.000 096 7**（0.000 033 7）	3.92×10^{-7}**（1.36×10^{-6}）
知识溢出	1.26×10^{-6}*（2.69×10^{-6}）	3.17×10^{-6}*（8.05×10^{-7}）
产业链	0.111 796 4***（0.017 319 5）	0.008 824 9***（0.002 537 6）
政府	4.45×10^{-7}*（9.21×10^{-8}）	-2.10×10^{-8}**（2.64×10^{-8}）

注：括号内为标准误差

***、**、*分别为1%、5%和10%水平上显著

由回归结果可以看出，在网络节点城市中，商务服务业集聚的主要影响因素是产业链与 IT 因素。但在非节点城市中，主要影响因素为产业链和本地市场。这证明，在网络节点城市，IT是商务服务业集聚的主要原因之一。

8.4 信息通达性与城市内商务服务业空间分布

8.4.1 街区信息通达性的评价

根据信息通达性相关研究文献，本书对街区信息通达性的评价从光纤网络结构和信息基础设施两方面进行。

1. 上海市城域网骨干光纤网络结构

本书对上海城域网节点所在街区进行查询，作为信息通达性较好的地区。目前，上海的城域网互联网运营商主要包括上海电信、上海联通两大基础运营商，以及东方有线、长城宽带等二级 ISP。上海城域网存在着多张独立运作又相互实现一定互联的宽带网络。按互联网结构可从上到下划分为骨干网、城域网和接入网。

上海电信、上海联通作为顶级网络运营商分别建立和经营着包括全国骨干网、上海城域宽带网和接入网在内的“全程全网”型的网络体系；东方有线是上海目前规模最大的地区性网络运营商，建设和经营着全国最大的有线电视城域网和接入网；在网络的接入层，还存在着众多的中小型网络运营商，它们主要建设和经营着各自用户驻地的网络，即从用户网络接口到用户终端之间“最后一千米”的传输线路。网络运营商经营的各个网络主要通过直联（包括对等直联、租赁带宽）以及通过国家交换中心（Network Access Point，NAP）、上海互联网交换中心（Shanghai Network Access Point，SHNAP）转接互联两种方

式实现。

上海电信从 2001 年开始建设 IP 城域网，已经完成了三期建设。IP 城域网是上海电信的 IP 骨干网络，承载着互联网和企业 IP 专网业务。IP 城域网分为三个层次——核心层、汇聚层与接入层，通过合理分布控制网络流量，形成了一个 8+*M*+*N* 网络拓扑构架，即 8 个核心节点+*M* 个汇聚节点+*N* 个接入节点。整个 IP 城域网分为 15 个片区（市区 8 个片区，郊县 7 个片区），*M* 个汇聚节点作为 IP 城域网的区域性汇接，每个区域城网内部所有业务的流量在汇聚层设备终结，分担核心层压力，合理控制及分布接入网络的流量。*N* 个接入节点作为 IP 城域网的接入层可提供各类小区、商业用户、IP VPN、Wireless LAN 等多种接入方式。至 2004 年 5 月中旬，上海电信的宽带接入用户数（包括 ADSL FTTB+LAN）已突破 100 万户，市场占有率超过 70%。

上海联通 IP 城域网网络结构采用 3 层结构，即核心层、汇聚层和接入层。目前形成了 6+35+*N* 个节点的 IP 网络规模。截至目前，上海 IP 城域网基本覆盖了上海市重点的商业区域、开发区和部分郊区，截至 2007 年年底接入了 1000 多栋商业楼宇。已经完成并开通专用汇聚节点 35 个，分别是恒隆广场、香港广场、南京东路 157 地块、新世纪、天文台、复旦、张江、张江集电港、民航大厦、三联大厦、金牛、闸北广中、海运、卢湾复兴、临港新城、川沙镇、朱泾镇、青浦镇、浦江镇、长宁江苏、嘉定（郊区）、松江（郊区）、宝山、普陀、虹口、南汇（郊区）等汇聚节点。

东方有线网络有限公司是由上海市信息投资股份有限公司、上海文化广播影视集团、东方明珠（集团）股份有限公司共同出资以股份制的方式组建而成。目前，公司经营着全球最大的有线电视城域网——上海有线电视网络，在全市拥有各类机房数百个，光缆总长（皮长）约 9100 千米。广电基地和张江基地到各分中心已经建成直达光缆路由，超干线光缆皮长约为 1200 千米。分中心之间建设了部分环网路由，超干线环网光缆皮长约为 700 千米。经过几年的高速发展，东方有线已从单纯传输有线电视业务，发展为综合承载有线电视、数据传输、系统集成的综合信息服务提供商，成为全国 4000 余家有线网络中规模最大、业务最全、效益最好的有线网络运营商。2008 年，东方有线进行了临空、广灵、广电 19 楼、龙水南路四个大型机房的建设，其中临空、广灵、龙水南路为数据核心机房，广电 19 楼为数字电视平移总前端机房，原广电 8 楼机房作为备份机房使用。再加上原张江数据核心机房，初步形成了广电 19 楼为总前端机房，下带以张江、广灵、龙水南路、临空四个数据核心节点机房构成的数据核心骨干光缆网络。为保证分中心机房的安全使用，2008 年将新购 1 个北外滩机房替代原租用的北外滩分中心机房。另外，在已完成分中心机房扩容的基础上又先后完成对中北、崮山、开鲁、定西、广灵四路、龙南、昌平、徐家汇八个分中心的供电系统改造和扩容。

2. 上海市东方社区信息苑建设

上海市东方社区信息苑建设是一项推动社区信息化建设、提高社区信息技术应用水平、加强社区信息基础设施建设的工程。东方数字首创基于互联网宽带技术的社区连锁服务网络及公共文化服务终端——东方社区信息苑。依托东方社区信息苑项目，东方数字致力于搭建社区服务平台，开展社区文化信息化综合服务工作。目前，已基本实现了以东方社区信息苑为主体，社区全覆盖、服务普及化、内容整合化、管理连锁化的上海社区公共电子阅览室服务网络。东方社区信息苑主要承担上海社区文化信息化综合服务工程的建设，直接建在社区，面向社区居民的新型信息化公共文化设施和服务平台，拥有以公共上网和公益培训为主的基础功能服务，以及VPN宽带专网内容服务、公益活动服务和社区增值服务等功能项目。

东方社区信息苑是以“天罗地网”的方式，直接建在社区，面向社区居民的新型信息化公共文化设施和服务平台，拥有以公共上网和公益培训为主的基础功能服务，以及VPN宽带专网内容服务、公益活动服务和社区增值服务等功能项目。东方社区信息苑作为上海市国民经济与社会发展“十一五”规划重要建设项目、上海市政府实事工程“社区文化活动中心”的配套项目建设推进，是以互联网等高新技术、载体和模式继承创新，直接在社区，面相普通群众，具有公益上网、现场培训、数字影院放松等功能的新型互联网公共文化设施和服务平台。单个东方社区信息苑约150平方米，分为公共上网区、多媒体培训教师、多功能演播厅三大功能区，每年为超过1400万人次的社区居民提供多品类、多层次的公益上网服务、培训服务和丰富的社区活动。

本书对按照上海市东方社区信息苑的地址，对社区信息苑的空间分布情况进行统计，用街区社区信息苑的数量代表街区信息通达性。

8.4.2 实证结果及分析

1. 空间基尼系数

本部分采用空间基尼系数对我国骨干网络节点城市的商务服务业集聚程度进行评价。

2. 街区层面的回归模型

在模型选择上，本书仍然选择负二项分布的计数模型。负二项分布回归的变量主要有被解释变量商务服务业分布，解释变量为信息通达性，控制变量为经济水平、本地市场、区位通达性、知识溢出、产业链和政府。对空间单元信息通达性的变量衡量指标和数据来源如表 8.4 所示。

表 8.4　变量衡量指标和数据来源

变量	衡量指标	数据来源	预期符号
商务服务业分布	空间单元商务服务业数量	统计出每个空间单元内商务服务企业数量	
信息通达性	是否为骨干网光纤网络节点	对上海市电信光纤网络节点空间单元进行统计	+
	社区信息苑数量	对上海市社区信息苑网点布局进行统计	+
经济水平	空间单元地价	根据《2010 上海市基准地价修正体系》对空间单元的地价等级从 0 到 9 进行统计	+
本地市场	空间单元人口密度	空间单元人口总量与空间单元面积的比值	+
区位通达性	空间单元内交通枢纽数量	根据《上海市综合客运交通枢纽布局规划》，将上海市 145 个交通枢纽分为五个等级从 4 到 0 赋值，统计每个空间单元交通枢纽数量	+
知识溢出	空间单元内的大学院校	根据 101 个大学及分校，统计每个空间单元内的大学院校及其分校	+
产业链	空间单元内的园区	查询上海 63 个经济开发区所在地，统计每个空间单元内经济园区和开发区的数量	+
政府	空间单元内是否有政府机构	统计每个空间单元内是否有市区县政府	+

采用 Stata 软件对数据进行负二项回归分析，分析结果如表 8.5 所示。

从回归分析结论看，信息通达性显著影响了上海市商务服务业总体及子行业的分布，因此假设全部成立。

从所有制结构看，信息通达性对国有外资类企业影响最大，对股份联营类企业和个体私营类企业影响较小；这说明国有外资类企业对信息传输通畅度的要求较高。

从业务类型看，信息通达性对中介代理类企业的影响最大，对管理咨询类企业和广告设计类企业影响较小。中介代理类需要及时跟踪和把握市场信息，因此对信息畅通要求较高。

从企业规模看，信息通达性对大型企业的影响最大，对中型企业和小型企业影响较小。一般地，大型企业对信息传输的通畅度要求也较高。

表 8.5　信息通达性对商务服务业空间分布的负二项分布回归

	总体	国有外资	股份联营	个体私营	管理咨询	广告设计	中介代理	小型企业	中型企业	大型企业
光纤节点	0.233 5***	0.235 9***	0.213***	0.231***	0.325***	0.117**	0.335***	0.218***	0.180**	0.302***
	(3.15)	(2.86)	(2.97)	(3.24)	(4.05)	(1.69)	(2.99)	(3.10)	(2.44)	(3.55)
信息苑	0.096 41***	0.010 7**	0.092***	0.083***	0.06**	0.074***	0.093***	0.066***	0.088***	0.093**
	(3.57)	(2.8)	(3.49)	(3.19)	(2.03)	(3.01)	(3.16)	(2.65)	(3.26)	(2.30)
本地市场	-7.85×10^{-7}	-1.32×10^{-6}	-2.48×10^{-6}	-5.43×10^{-7}	-3.85×10^{-7}	-1.43×10^{-6}	-1.79×10^{-6}	-1.13×10^{-6}	-5.62×10^{-7}	-6.68×10^{-7}
	(−0.99)	(−0.86)	(−0.86)	(−0.70)	(−0.47)	(−1.57)	(−1.42)	(−1.34)	(−0.64)	(−0.61)
经济水平	0.101 7***	0.159***	0.097***	0.088***	0.102***	0.073**	0.089***	0.112***	0.064*	0.116***
	(3.15)	(4.45)	(2.97)	(2.80)	(3.00)	(2.30)	(2.61)	(3.68)	(1.95)	(3.18)
区位通达性	0.170 4***	0.200 6***	0.15***	0.167***	0.17***	0.144***	0.165***	0.174***	0.156***	0.171***
	(6.20)	(6.64)	(5.70)	(6.34)	(6.02)	(5.57)	(5.84)	(6.69)	(5.97)	(5.37)
知识溢出	−0.020 848 2	−0.029 3	−0.003 3	−0.03	−0.022	−0.04	0.009	−0.035	0.000 9	0.01
	(−0.48)	(0.65)	(−0.08)	(−0.72)	(−0.51)	(−0.92)	(0.20)	(−0.86)	(0.02)	(0.20)
产业链	0.175 1*	0.057 4	0.181*	0.187*	−0.034	0.265**	0.218*	0.222**	0.207*	0.141
	(1.64)	(0.41)	(0.181)	(1.79)	(−0.29)	(2.55)	(1.81)	(2.15)	(1.85)	(1.05)
政府	0.554 6***	0.450 5**	0.468 9***	0.49***	0.697***	0.30*	0.534***	0.431***	0.437**	0.584***
	(3.19)	(2.47)	(2.8)	(2.95)	(3.82)	(1.85)	(3.01)	(2.66)	(2.55)	(3.00)
常数	2.804 796	2.508	1.88	2.4	1.706	2.37	1.65	2.00	1.92	1.02
	(13.38)	(8.07)	(8.39)	(11.54)	(7.12)	(11.22)	(6.50)	(9.79)	(8.37)	(3.69)
样本数	253	253	253	253	253	253	253	253	253	253
LR	444.71	340.11	399.77	433.29	381.19	406.10	392.87	425.10	387.29	337.80
显著性	0.000 0	0.000 0	0.000 0	0.000 0	0.000 0	0.000 0	0.000 0	0.000 0	0.000 0	0.000 0
$P\text{-}R^2$	0.1609	0.246 4	0.202	0.176 2	0.180 1	0.185 2	0.220 5	0.186 3	0.189 5	0.196 0

注：括号内为 Z 统计量，$P\text{-}R^2$ 为 Pseudo R^2

***、**、*分别为 1%、5%和 10%水平上显著

由此可以推测，信息通达性将促进商务服务也的空间集聚，但相比其他类型的商务服务业，大型、中介代理类、国有外资类更倾向于集聚在信息通达性较好的地方。

8.5　实证结果讨论

本章从互联网拓扑结构角度研究了中国城市区位通达性，基于互联网骨干运营单位的网络拓扑结构，选取网络节点城市作为信息通达性较好的城市。采用从业人员数量，对商务服务业和制造业在网络节点城市和非网络节点城市的空间基尼系数进行测算。结果发现制造业在东部城市的集聚度要大于在信息节点城市的集聚度。这说明制造业更倾向于集中在地理区位较为优越的地区。商务服务业主要集聚在东部发达地区和信息节点城市。商务服务业在东部地区和信息节点城市的集聚度相近。但从平均水平来看，商务服务业在信息节点城市的集聚度要大于东部发达地区的集聚度。这说明商务服务业在信息节点城市的集聚度会更大。

在第 4 章计量经济学模型的基础上，引入信息通达性变量，以网络节点城市为信息通达性较好的区位，考察信息通达性对商务服务业空间分布的影响。发现在网络节点城市中，商务服务业集聚的主要影响因素是产业链与 IT 因素。这证明，在网络节点城市，IT 是商务服务业集聚的主要原因之一。但在非节点城市中，主要影响因素为产业链和本地市场。

为调查街区的信息通达性，本书对上海市城域网拓扑结构和东方社区信息苑建设情况进行了刻画和统计；并用负二项分布回归实证检验信息通达性对商务服务业空间分布的影响；结果发现信息通达性对商务服务业总体空间分布和各分类商务服务业空间分布都有较强的正向影响，但对不同类型的商务服务业影响强度有所不同。从所有制结构看，信息通达性对国有外资类企业影响最大，对股份联营类企业和个体私营类企业影响较小；从业务类型看，信息通达性对中介代理类企业的影响最大，对管理咨询类企业和广告设计类企业影响较小。从企业规模看，信息通达性对大型企业的影响最大，对中型企业和小型企业影响较小。由此可以推测，信息通达性将促进商务服务也的空间集聚，但相比其他类型的商务服务业，大型、中介代理类、国有外资类更倾向于集聚在信息通达性较好的地方。

第 9 章　结论与展望

9.1　结　　论

在现有研究的基础上，本书分析了 IT 能力影响商务服务业空间分布的机理。在考虑影响商务服务业空间分布的其他主要因素的基础上，构建了 IT 能力影响商务服务业空间分布的理论模型。从信息集聚能力、信息辐射能力和信息通达性和三个 IT 能力维度，进行 IT 能力影响商务服务业空间分布的实证分析。

城市层面信息集聚能力影响商务服务业空间分布的研究，以信息服务业从业人员衡量城市的信息集聚能力。对信息服务业和商务服务业空间分布进行描绘，发现信息服务业和商务服务业有比较明显类似的空间分布特征，从东部沿海到内地再到西部地区，呈现明显的梯度等级。利用从业人员数量，对商务服务业与制造业和其他服务业之间的地理联系率进行测算发现，商务服务业与信息服务业的空间分布的地理联系率最高，说明商务服务业空间分布有明显的信息指向。

街区层面信息集聚能力影响商务服务业空间分布的研究，采用信息服务企业数量对街区的信息集聚能力进行测度。以上海市街区为空间单元，对上海市 5775 个商务服务业样本进行地理属性统计，考察商务服务业在街区上分布的微观特征。采用全局 Moran's I 指数考察商务服务业空间分布，发现商务服务业集聚度较大。采用街区的信息服务企业数量和商务服务企业数量数据，检验街区商务服务业与信息服务业的地理联系率，发现城市内部商务服务业与信息服务业空间分布协同度较高，说明商务服务业倾向于定位在信息集聚地区。通过负二项分布回归检验信息集聚能力对商务服务业空间分布的影响，发现信息集聚能力对商务服务业集聚有明显的正效应，但对不同类型的商务服务业影响程度不同。即信息集聚能力能力将促使商务服务业总体集聚，但个体私营类、管理咨询类和小型企业的集聚趋势较大，而国有外资类、广告设计类和大型企业集聚趋势较小。商务服务业数量都有随着与信息集聚中心距离增加而减少的趋势，证明商务服务业空间分布呈现围绕信息集聚中心分布的态势。

城市层面信息辐射能力影响商务服务业空间分布的研究，采用超链接分析法和网站结构分析法刻画了中国 231 个城市的信息辐射能力，建立了基于信息流的中国城市等级体系，将之划分为四个梯度。并检验城市信息辐射能力对商务服务业空间分布的影响。发现信息辐射能力对商务服务业在东部城市的集聚有较强的正向影响，而对商务服务业在西部城市的集聚影响强度较弱。

街区层面采用超链接分析方法对上海市内部253个街区的信息辐射能力进行测度。实证研究上海市街区的信息辐射能力对商务服务业空间分布的影响。实证发现，信息辐射能力对商务服务业空间分布产生正向影响；但对不同类型商务服务业空间分布的影响存在一定的差异性。即信息辐射能力会促进商务服务业空间集聚，但相比其他类型的商务服务业，个体私营类、小型、中介服务类商务服务业比其他类型的服务业，更倾向于集聚在信息辐射能力较强的区位。

城市层面信息通达性影响商务服务业空间分布的研究，对商务服务业在网络节点城市和非网络节点城市的空间基尼系数进行测算，发现商务服务业主要集聚在网络节点城市。从互联网拓扑结构角度研究了中国城市区位通达性，在第 4 章计量经济学模型的基础上，引入信息区位变量，考察了信息通达性对商务服务业空间分布的影响。发现在网络节点城市中，商务服务业集聚的主要影响因素是产业链与 IT 因素。但在非节点城市中，主要影响因素为产业链和本地市场。

街区层面，为调查街区的信息通达性，本章对上海市城域网拓扑结构和社区信息苑建设情况进行了刻画和统计；并对商务服务业空间分布与街区信息通达性的关系进行负二项分布回归的实证研究。实证结果发现信息通达性对商务服务业空间分布有较强的正向影响；但对不同类型的商务服务业影响强度有所不同。即信息通达性将促进商务服务业的空间集聚，但相比其他类型的商务服务业，大型、中介代理类、国有外资类更倾向于集聚在信息通达性较好的地方。

本书的实证分析结论汇总如表 9.1 所示。从企业所有制类型看，个体私营类更倾向于集聚在信息集聚能力和信息辐射能力较强的地区，而国有外资类更倾向于集聚在信息通达性较好的地区；从企业业务类型看，管理咨询类企业更倾向于集聚在信息集聚能力较强的地区，广告设计类更倾向于集聚在信息辐射能力较强的地区，而中介代理类更倾向于集聚在信息通达性较好的地区。从企业规模看，小型企业有更强的信息集聚能力和信息辐射能力区位指向，而大型企业更强的信息通达性区位指向。

表 9.1 商务服务业空间分布的集聚度及受 IT 能力影响的程度

	商务服务业整体	基于所有制类型的商务服务业			基于业务类型的商务服务业			基于规模的商务服务业		
		国有外资	股份联营	个体私营	管理咨询	广告设计	中介代理	小型	中型	大型
集聚度	较高	★	★★	★★★	★	★★	★★★	★★★	★	★★
信息集聚能力	显著	★	★★	★★★	★★★	★	★★	★★★	★	★★
信息辐射能力	显著	★	★★	★★★	★	★★★	★★	★★★	★★	★
信息通达性	显著	★★★	★★	★	★	★★	★★★	★	★★	★★★

注：★代表影响的相对强度，★★★为强，★★为中，★为弱

9.2 不足与展望

企业空间分布实际上是企业微观区位选择的宏观表现。本书基于信息空间视角，由微观个体区位选择和宏观层面上行业的空间分布入手，在城市和城市内部两个上对商务服务业服务业空间分布展开研究，取得了初步的阶段性成果。但方法和内容上还存在许多尚待改进的地方，下一步的研究领域需要进一步完善和拓展。本书对需要改进的地方做出总结，指出下一步研究方向。

首先，缺乏对服务业空间分布的横向比较研究。本书以商务服务业为研究对象，对商务服务业在城市和城市内部两个层面的空间分布进行研究。研究对象过于单一。如果能同时对几个服务业空间分布进行比较研究，考察区位因素对不同服务业空间分布的影响作用，得到的结论会更具一般性，更易于总结服务业空间分布的一般规律。

其次，缺乏商务服务业空间分布的动态分析的纵向比较。本书对城市内部商务服务业空间分布作横截面数据分析，缺乏从时间序列上对商务服务业空间分布动态变化模式的比较。如果能从时间序列视角，对上海市商务服务业空间分布和区位选址进行比较，更能反映经济环境的变化对商务服务业空间分布的影响。以及各种新型研究方法的设计，对 IT 的空间属性研究也会越发全面系统。

最后，IT 的研究需要丰富。IT 的地理效应和空间效应的研究目前还比较少，研究方法也有所局限。随着学界的广泛关注，限于数据限制，实证研究中变量的衡量指标选取可能有进一步完善的余地。在进一步的研究中，需要在数据整理和数据搜集方面做更多的工作，并拓展对商务服务业空间分布横向和纵向的研究空间，以期更全面地刻画服务业空间分布的一般规律。

参考文献

波特 M E. 2002. 国家竞争优势. 李明轩，邱如美译. 北京：华夏出版社：30-45.

陈建军，陈国亮，黄洁. 2009. 新经济地理学视角下的生产性服务业集聚及其影响因素研究. 管理世界，4：83-96.

代文. 2007. 现代服务业集群的形成和发展研究. 武汉理工大学博士学位论文：33-34.

樊绯. 2001. 天津市中心城区零售业空间结构研究. 北京大学博士学位论文：45-46.

冯德显，贾晶，乔旭宁. 2006. 区域性中心城市辐射力及其评价——以郑州市为例. 地理科学，3：266-272.

冯健，周一星. 2003. 北京都市区社会空间结构及其演化（1982—2000）. 地理研究，22（4）：465-483.

高传胜，刘志彪. 2005. 生产者服务与长三角制造业集聚和发展. 上海经济研究，8：35-42.

高铁梅. 2009. 计量经济分析方法与建模. 北京：清华大学出版社：220-228.

胡霞. 2007. 集聚效应对中国城市服务业发展差异影响的实证研究. 财贸研究，1：44-50.

蒋录全，邹志仁，刘荣增，等. 2002. 国外赛博地理学研究进展. 世界地理研究，11（3）：92-98.

蒋三庚，陈立平. 2007. 新宿 CBD 现代服务业集聚经验借鉴. 首都经济贸易大学学报，6：56-59.

况志军，郑淑娟，宋夏云. 2007. IT 资源、IT 能力与持续竞争优势. 科技管理研究，27（1）：101-103.

李翠梅，吕迅. 2005. 上海办公楼区位研究初探. 上海师范大学学报（自然科学版），11：97-101.

李红. 2005. 知识密集型服务业特征剖析. 情报杂志，8：101-103.

李江，段杰. 2002. 赛博空间技术支撑及在城市地理研究中的应用. 经济地理，22（5）：521-529.

李文秀，胡继明. 2008a. 中国服务业集聚实证研究及国际比较. 武汉大学学报（哲学社会科学），61（2）：213-219.

李文秀，谭力文. 2008b. 服务业集聚的二维评价模型及实证研究——以美国服务业为例. 中国工业经济，4：44-49.

李善同，华而诚. 2002. 21 世纪初的中国服务业. 北京：经济科学出版社：22-23.

刘卫东，Dicken P，杨伟聪. 2004. 信息技术对企业空间组织的影响. 地理研究，23（6）：833-844.

刘修岩，张学良. 2010. 集聚经济与企业区位选择——基于中国地级区域企业数据的实证研究. 财经研究，11：83-92.

卢鹤立，刘桂芳. 2005. 赛博空间地理分布研究. 地理科学，25（3）：317-321.

路紫，匙芳，王然. 2008. 中国现实地理空间与虚拟网络空间的比较. 地理科学，28（5）：601-606.
吕卫国，陈雯. 2009. 江苏省制造业产业集群及其空间集聚特征. 经济地理，10：1677-1684.
宁越敏. 2000. 上海市区生产服务业及办公楼区位研究. 城市规划，24（8）：9-12.
祁新华，朱宇，张抚秀，等. 2010. 企业区位特征、影响因素及其城镇化效应——基于中国东南沿海地区的实证研究. 地理科学，30（2）：221-228.
孙薇. 2005. 基于因子分析法的地区流通力比较研究. 财贸研究，16：36-42.
孙中伟，贺军亮，金凤君. 2010. 世界互联网城市网络的可达性与等级体系. 经济地理，9：1449-1455.
孙中伟，刘军，张静. 2006. 干线光缆传输网与中国信息网络城市节点体系. 石家庄学院学报，8（3）：65-71.
孙中伟，路紫. 2005. 流空间基本性质的地理学透视. 地理与地理信息科学，21（1）：109-112.
孙中伟，路紫，王杨. 2007. 网络信息空间的地理学研究回顾与展望. 地球科学进展，22（10）：1005-1011.
孙中伟，王杨. 2011. 中国信息与通信地理学研究进展与展望. 地理科学进展，30（2）：149-156.
王茂军，张学霞. 2003. 大连城市居住环境评价构造与空间分析. 地理科学，23（1）：87-94.
王耀中，任英华，姚莉媛. 2010 服务业集聚机理研究新进展. 经济学动态，4：104-109.
汪明峰，宁越敏. 2002. 网络信息空间的城市地理学研究：综述与展望. 地球科学进展，17（6）：855-863.
汪明峰，宁越敏. 2004. 互联网与中国信息网络城市的崛起. 地理学报，59（3）：446-454.
汪明峰，宁越敏. 2006. 城市的网络优势——中国互联网骨干网络结构与节点可达性分析. 地理研究，25（2）：193-203.
韦伯 A. 1997. 工业区位论. 李刚剑，等译. 北京：商务印书馆：23-24.
魏后凯. 2006. 现代区域经济学. 北京：经济管理出版社：26-27.
魏江，胡胜蓉. 2007a. 知识密集型服务业创新范式. 北京：科学出版社：45-46.
魏江，陶颜，王琳. 2007b. 知识密集型服务业的概念与类型研究. 中国软科学，1：33-41.
吴艳，陈跃刚. 2008. 国外高层次服务业空间分布的研究综述. 科技进步与对策，25（6）：194-197.
仵宗卿. 2000. 北京市商业活动空间结构研究. 北京大学博士学位论文：50-51.
薛玉立. 2008. 京津两地商务服务业集聚成因与推进战略初探. 经济研究导刊，10：18-22.
阎小培，姚一民. 1997. 广州第三产业发展变化及空间分布特征分析. 经济地理，17（2）：41-48.
杨静. 2007. 生产性服务业的形成及影响因素研究. 复旦大学硕士学位论文：22-23.

张华，贺灿飞. 2007. 区位通达性与在京外资企业的区位选择. 地理研究，26（5）：984-994.

张惠萍. 2011. 信息服务业集聚机制研究. 同济大学博士学位论文：120-121.

张捷，顾朝林，都金康，等. 2000. 计算机网络信息空间的人文地理学研究进展与展望. 地理科学，20（4）：368-374.

张俊妮，陈玉宇. 2006. 产业集聚、所有制结构与外商投资企业的区位选择. 经济学（季刊），5（4）：1091-1108.

张嵩，黄立平. 2003. 基于资源观的企业信息技术能力分析. 同济大学学报，8：52-56.

张松林，张昆. 2007. 空间全局自相关 Moran 指数和 G 系数对比比较. 中山大学学报（自然科学版），46（4）：93-97.

张文忠. 1999. 大城市服务业区位理论及其实证研究. 地理研究，3：273-281.

赵群毅，谢从朴. 2008. 都市区生产者服务业企业区位因子分析——以北京为例. 经济地理，28（1）：38-43.

赵群毅，周一星. 2005. 两方生产性服务业的地理学研究进展. 地理与地理信息科学，21（6）：49-56.

浙江树人大学课题组. 2007. 加快发展浙江商务服务业. 浙江经济，10：30-31.

甄峰. 2004. 信息时代的区域空间结构. 北京：商务印书馆：22-23.

周一星. 1996. 北京的郊区化及引发的思考. 地理科学，16（3）：198-205.

曾国屏. 1998. 赛博空间及若干问题. 科学学与科学技术管理，19（4）：36-36.

曾菊新. 1996. 空间经济：系统与结构. 武汉：武汉出版社：12-13.

Aguilera A. 2003. Services relationship，market area and the intrametro-politan location of business services. The Services Industries Journal，23（1）：43-58.

Alexander L. 1979. Office Location and Public Policy. London：Longman：10-11.

Alonso W. 1964. Location and Land Use. New York：Harvard University Press：15-16.

Antonelli C. 1999. Microdynamics of Technological Change. London：Routledge：33-34.

Bakis H. 2001. Understanding the geocyberspace：a major task for geographers and planners in the nextdecade. Netcom，15（1/2）：9-16.

Barnett G A，Park H W. 2005. The structure of international internet hyperlinks and bilateral bandwidth Structure. Annals of Telecommunications，60（9/10）：1110-1127.

Baro E，Soy A. 1993. Business services location atrategies in the barcelona metropolitan region. The Service Industries Journal，13（2）：103-118.

Barthelemy M，Gondran B，Guichard E. 2003. Spatial structure of internet traffic. Physica A，31（9）：633-642.

Beaverstock J V，Smith R G，Taylor P J. 1999. A roster of world cities. Cities，16：445-458.

Benedikt M. 1992. Cyberspace：Some Proposals. Cambridge：The MIT Press：13-14.

Bennett R J，Graham D J，Braggon W. 1999. The location and concentration of business in Britain：business clusters，business services，market coverage and local economic development. Transactions of the Institute of British Geographers，24（4）：393-420.

Beyers W B. 1993. Producer services. Progress in Human Geography，2：182-196.

Beyers W B. 1996. Trends in producer services growth in the rural heartland，economic forces affecting the rural heartland. Feseral Reverse Bank of Kansas City：39-60.

Beyers W B，Alvine M J. 1985. Export services in postindustrial society. Papers of the Regional Science Association，57（4）：33-45.

Beyers W B，Lindahl D P. 1996. Lone eagles and high fliers in rural producer services. Rural Development，11（3）：2-10.

Bingham R，Kimble D. 1995. Industrial composition of edge cities and downtowns. Economic Development Quarterly，9：259-272.

Bharadwaj A S. 2000. A resource-based perspective on information technology capability and firm performance：an empirical investigation. MIS Quarterly，24（1）：169-196.

Bodenman J E. 2004. The organizational structure & spatial dynamics of investment advisory services：the case of metropolitan Philadelphia，1983-2003. The Industrial Geographer，2（2）：128-146.

Boiteux-Orain C，Guillain R. 2004. Changes in the intra-metropolitan location of producer services in Iie-d-France（1978-1997）：do information technologies promote a more dispersed spatial pattern? Urban Geography，25（6）：550-578.

Boulton A，Devriendt L，Brunn L，et al. 2011. ICT's for Mobile and Ubiquitous Urban Infrastructures：Surveillance，Locative Media and Global Networks. Hershey：PA IGI Global：34-35.

Breandan O U，Timothy F L. 2007. Producer services in the urban core and suburbs of Phoenix，Arizona[J]. Urban Studies，44（8）：1581-1601.

Britton S. 1990. The role of services in production. Progress in Human Geography，4：529-546.

Broda C，Weinstein D. 2006. Globalization and the gains from variety. The Quarterly Journal of Economics，2：541-585.

Brunn S，Dodge M. 2001. Mapping the"worlds"of the World Wide Web-（Re）structuring global commerce through hyperlinks Source. American Behavioral Scientist，44（10）：1717-1739.

Brunn S，Williams J. 2005. Cybercities of Asia：measuring globalization using hyperlinks. Asian Geographer，23（1/2）：121-147.

Bryan D. 1998. Extensions to the Hub Location Problems：formulations and numerical examples. Geographical Analysis，30（4）：314-330.

Cairncross F. 1995. Telecommunication：the death of distance. The Economist，September：45-46.

Cairncross F. 1997. The Death of Distance. Cambridge：Harvard Business School Press：56-57.

Cai G，Sochats K，Williams J. 1999. Mapping and analysis of Pennsylvania's telecommunications infrastructure. San Diego：Proceeding of ESRI User Conference：26-30.

Castells M. 1989. The Information City：Information Technology，Economic Restructuring，and the Urban-Regional Process. Oxford：Blackwell：89-90.

Castells M. 1996. The Rise of the Network Society. Cambridge：Blackwell Publishers：78-79.

Christaller W. 1966. English Translation：The Central Places of Southern Germany. Prentice-Hall：Englewood Cliffs NJ：54-56.

Coffey W J，Bally A S. 1991. Producer services and flexible production：an exploratory analysis. Growth and Change，22：95-117.

Coffey W J，Drolet R，Polèse M. 1996. The intra-metropolitan location of high order services：patterns，factors and mobility in Montreal. The Journal of Regional Science Association International，75（3）：293-323.

Coffey W J，Shearmur R G. 2002. Agglomeration and dispersion of high-order service employment in the Montreal metropolitan region，1981-1996. Urban Studies，39（3）：359-378.

Daniels P W. 1985. Service Industries：A Geographical Appraisal. London：Methuen：23-24.

Daniels P W. 1987. The geography of services. Progress in Human Geography，3：433-447.

Derudder B，Devriendt F L，Witlox F. 2007. Flying where you don't want to go：an empirical analysis of hubs in the global airline network. Tijdschrift voor Economische en Sociale Geograpfie，98（3）：307-324.

Devriendt L，Boulton A，Brunn S，et al. 2011. Searching for cyberspace：the position of major cities in the information age. Journal of Urban Technology，18（1）：73-92.

Devriendt L，Derudder B，Witlox F. 2008. Cyberplace and cyberspace：two approaches to analyzing digital intercity linkages. Journal of Urban Technology，15（2）：5-32.

Devriendt L，Derudder B，Witlox F. 2010. Conceptualizing digital and physical connectivity：the position of European cities in Internet backbone and air traffic flows. Telecommunications Policy，34（8）：417-429.

Dodge M. 1998. Accessibility to information within the Internet：how can it be measured and mapped?Varenius Meeting：Measuring and Representing Accessibility in the Information Age：45-46.

Dodge M. 1999. The geographies of cyberspace. Centre for Advanced Spatial Analysis Working Paper Series，University College London：8-9.

Dodge M. 2001. Guesteditorial：cybergeography. Environment and Planning B：Planning and Design，28（1）：1-2.

Dodge M，Kitchin R. 2000. Mapping Cyberspace. London：Routledge：78-79.

Drejer I. 2002. Business service as a product factor. Economic System Research，14（4）：389-405.

Duranton G. 1999. Distance，land and proximity：economic analysis and the evolution of cities. Enviroment and Planning A，31（12）：2169-2188.

Esparza A，Krmence A. 1994. Producer services trade in city system：evidence from Chicago. Urban Studies，31（1）：429-461.

Feenstra R C. 1998. Integration of trade and disintegration of production in the global economy. Journal of Economic Perspectives，12：31-50.

Figueiredo O，Guimaraes P，Woodward D. 2002. Modeling industrial location decisions in U. S. counties. ERSA Conference Papers：33-34.

Fotheringham A S. 1997. Trends in quantitative methods I：stressing the local. Progress in Human Geography，21（1）：88-96.

Fotheringham A S，Brunsdon C. 1999. Local forms of spatial analysis. Geographical Analysis，31（4）：340-358.

Fujii T，Hartshorn R. 1995. The changing metropolitan structure of Atlanta，GA：locations of functions and regional structure in a multinucleated urban area. Urban Geography，16（1）：680-707.

Fujita M，Gokan T. 2005. On the evolution of the spatial economy with multi-unit/multi-plant firms：the impact of IT development. Portuguese Economic Journal，4：75-105.

Fujita M，Thisse J. 2006. Globalization and the evolution of the supply chain：who gains and who loses? International Economic Review，47（3）：811-836.

Gad G. 1979. Face-to-face linkages and office decentralization potentials：a study of Toronto. London：John Wiley：232-234.

Gaspar J，Glaeser E. 1998. Information technology and the future of cities. Journal of Urban Economics，43（1）：136-156.

Gibson W. 1984. Neuromancer. London：Gollnacz：56-57.

Glasmeier A，Howland M. 1994. Service-lead rural development definitions theories and empirical evidence. International Regional Science Review，16：197-229.

Gong H，Wheeler J. 2002. The location and suburbanization of business and professional services in Atlanta. Growth & Change，33：341-369.

Gorman P，Malecki E. 2000. The networks of the Internet：an analysis of provider networks in the USA. Telecommunications Policy，24（2）：113-134.

Graham M. 2008. Warped geographies of development：the Internet and theories of economic development. Geography Compass，3（2）：771-789.

Graham S. 1999. Towards Urban Cyberspace Planning：Grounding the Global Through Urban Telematics Policy and Planning. London：Sage：89-90.

Graham S，Marvin S. 1996. Telecommunications and the City. London：Routledge：78-79.

Graham S，Marvin S. 1999. Planning cyber-cities?Integrating telecommunications into urban planning. Town Planning Review，70（1）：89-114.

Graham S，Marvin S. 2001. Splintering Urbanism. London：Routledge：101-102.

Grubesic T H，Matisziw T C，Ripley D A J. 2011. Approximating the geographical characteristics of Internet activity. Journal of Urban Technology，18（1）：51-71.

Grubesic T H，Murray A T. 2005. Spatial-historical landscapes of telecommunication network survivability. Telecommunication Policy，29（11）：801-820.

Grubesic T H，O'Kelly M E. 2002. Using points of presence to measure accessibility to the commercial Internet. The Professional Geographer，54（2）：259-278.

Guerrieri P，Meliciani V. 2003. International competitiveness in producer services. SETI Meeting：445-446.

Hackler D. 2003. Invisible infrastructure and the city the role of telecommunications in economic development. American Behavioral Scientist，46（8）：1034-1055.

Hall P. 1999. The future of cities. Computers，Environment，and Urban Systems，23：173-385.

Harrington J W. 1995. Producer services research in U.S. regional studies. Professional Geography，47（l）：87-96.

Hansen W G. 1959. How accessibility shapes land-use. Journal of the American Institute of Planners，25：73-76.

Heim M. 1996. Virtual Realism. New York：Oxford University Press：55-56.

Hessels M. 1989. Locational dynamics of business services：an intra-metropolitan study on Randstad Holland. Utrecht：Geografisch Institut Rijksuniversiteit Utrecht：67-68 .

Hong J J. 2007. Location determinants and patterns of foreign logistics services in Shanghai，China. The Service Industries Journal，27（4）：339-354.

Hoover E M. 1948. The Location of Economic Activity. NewYork：MCGraw-Hill：110-121.

Huh W，Kim H. 2003. Information Flows on the Internet of Korea. Journal of Urban Technology，10（1）：61-87.

Illeris S. 1996. The Service Economy，a Geographical Approach. England：John Wiley&Sons Ltd：23-24.

Illeris S，Philippe J. 1993. Introduction：the role of services in regional economic growth. Service Industries，13（2）：3-10.

Illeris S，Sjoholt P. 1995. The nordic countries：high quality service in a low density environment. Progress in Planning，43（3）：205-221.

Johannes T. 2002. Information technology and a new business geography：functional activities and communication behavior as basis for location decisions. University of North Carolina：89-90.

Jiang B，Ormelnig F. 1997. Cybermap：the map of cyberspace. The Cartographic Journal，34（2）：111-116.

Jungyul S，Tschangho J K，Hewings G J D. 2002. Information technology impacts on urban spatial structure in the Chicago region. Geographical Analysis，34（4）：314-329.

Keeling D J. 1995. Transportation and the World City Paradigm. Cambridge：Cambridge University Press：34-35.

Kellerman A. 2002. The Internet on Earth. West Sussex：Wiley：78-79.

Kolko J D. 2000. Essays on information technology，cities and location choice. Harvard University：45-56.

Krugman P. 1991. Geography and Trade. Cambridge：MIT Press：67-89.

Kumar A. 2007. Agglomeration，economic interdependence and “IT”. University of Minnesota：34-35.

Leamer E E，Storper M. 2001. The economic geography of the Internet age. Journal of International Business Studies，32（4）：641-665.

Li F，Whalley J，Williams H. 2001. Between Physical and electronic spaces：the implications for organizations in the networked economy. Environment and Planning A，33（4）：699-716.

Li M，Wu G D，Zhang J Y，et al. 2015. Influence of spatial allocation of scientific and technological resources on regional innovation output. The Open Cybernetics & Syeternics Journal，forthcoming.

Lundmark M. 1995. Computer services in Sweden：markets，labour qualifications and patterns of location. Human Geography，77（2）：125-139.

Mack E A，Grubesic T H. 2012. All jobs are not created equal：divergent indicators in the knowledge economy. Applied Geography，32（1）：88-101.

Malecki E J. 2000. The Internet：a preliminary analysis of its evolving economic geography. Global Economic Geography Conference：55-56.

Mario P，Richard S. 2004. Is distance really dead?Comparing industrial location patterns over time in Canada. International Regional Science Review，27（4）：431-457.

Marshall A. 1890. Principles of Economies. London：Macmillan：11-12.

Marshall N，Wood P. 1995. Services and space：key aspects of urban and regional development. Harlow：Longman：45-46.

Michalaket W Z，Fairbairn J. 1993. The Location of Producer Services in Edmonton. Canadian Geographer，37（1）：2-16.

Miles I，Kastrinos N，Bliderbeek R. 1995. Knowledge-intensive business services：their role as users，carriers and sources of information. Luxembourg：Report to the ECDG XIII Sprint EIMS Programme：123-134.

Mitchelson R L，Wheeler J O. 1994. The flow of information in a global economy：the role of the American urban system in 1990. Annals of the Association of American Geographers，84（1）：87-107.

Moss M L，Townsend A M. 1997. Tracking the net：using domain names to measure the growth of the Internet in U. S. cities. Journal of Urban Technology，4（3）：47-60.

Moss M L，Townsend A M. 2000. The Internet backbone and the American metropolis. The Information Society Journal，16（1）：35-47.

Moss M L，Wardrip W N，Harrigan P. 1999a. New York City Web Guides：An In-depth Analysis of New York City's Web Presence. New York：Taub Urban Research Center：1-3.

Moss M L，Wade C，Wong J L. 1999b. Municipal government Online：How NYC can Become the Internet City. New York：Taub Urban Research Center：4-6.

Muller E，Zenker A. 2001. Business services as actors of knowledge transformation：the role of KIBS in regional and national innovation systems. Research policy，30（9）：1501-1516.

Myung-jin，Seong-kyu Ha. 2002. Evolution of employment centers in Seoul. RURDS，14（2）：117-132.

Nelson K. 1986. Labor Demand，Labor Supply and the Suburbanization of Low-wage Office Work. London：Allen & Unwin：31-42.

O'Brien R. 1992. Global financial integration：the end of geography. New York：Royal Institute of International Affairs：45-46.

O'Donoghue D，Gleave B. 2004. A note on methods for measuring industrial agglomeration. Regional Studies，38（4）：419-427.

O'Farrell P N，Hitchens D M. 1990. Producer services and regional development：a review of some major conceptual policy and research issues. Environment and Planning A，22：1141-1154.

Pandit N R，Cook G A S，Swann G M P. 2002. A comparison of clustering dynamics in the British broadcasting and Financial Services Industries. International Journal of the Economics of

Business，9（2）：195-224.

Pinch S，Henry A. 1999. Paul Krugman's geographical economies，industrial clustering and the British motor sport industy. Regional Studies，33（9）：815-827.

Priemus H. 2007. The network approach：Dutch spatial planning between substratum and infrastructure networks. European Planning Studies，15（5）：667-686.

Quah D. 2001. ICT Clusters in development：theory and evidence. European Investment Bank Papers，6（1）：86-100.

Rallet A. 1999. Telecommunications and the dynamics of activity localization. Paris：Editions de l'Aube：223-237.

Rimmer P J. 1998. Transport and Telecommunications among World Cities. New York：United Nations University Press：23-24.

Rheingold H. 2000. The Virtual Community：Homesteading on the Electronic Frontier. Massachusetts：The MIT Press：34-35.

Ross J W，Beath C M，Goodhue D L. 1996. Develop long term competitiveness through IT assets. Sloan Management Review，38（1）：31-42.

Sam Ock Park，Kee-Bom Nahm. 1998. Spatial structure and inter-firm networks of technical and information producer services in Seoul，Korea. Asia Pacific Viewpoint，39（2）：209-219.

Sassen S. 2001. The Global City：New York，London，Tokyo. Princeton University Press：201-203.

Schintler L A. 2005. Complex network phenomena in telecommunication systems. Networks and Spatial Economics，5（4）：351-370.

Scott A J. 1988. Flexible production systems and regional development：the rise of new industrial spaces in north American and western Europe. International Joumal of Urban and Regional Research，12：71-86.

Scott A J. 1998. From Silicon Valley to Hollywood：Growth and Development of the Multimedia Industrial in California. California：UCL Press：94-98.

Searle G H. 1998. Changes in produce services location，Sydney：globalization，technology and labor. Asia Pacific Viewpoint，39（2）：237-255.

Sekeris E G. 1998. Externalities and the formation of cities. Université Catholique de Louvain-la-Neuve：34-35.

Selya R M. 1994. Taiwan as a service economy. Geoforum，25（3）：305-322.

Shearmur R，Alvergne C. 2002. Intrametropolitan patterns of high-order business service location：a comparative study of seventeen sectors in *le-de-France. Urban Studies，39（7）：1143-1163.

Shearmur R，Doloreux D. 2008. Urban hierarchy or local Buzz?The Professional Geographer，60（3）：333-355.

Sinai T，Waldfogel J. 2004. Geography and the Internet：is the Internet a substitute or a complement for cities?Journal of Urban Economics，56（1）：1-24.

Smith D A，Timberlake M F. 2001. World-city networks and hierarchies，1977-1997：an empirical analysis of global air travel links. American Behavioral Scientist，44（1）：1656-1678.

Sommers P，Carlson D. 2003. What the IT revolution means for regional economic development. Washington D. C.：Brookings Institution Center on Urban and Metropolitan Policy：23-24.

Stanback T M J. 1991. The New Suburbanization. Boulder，CO：Westview：90-91.

Starrs P. 1997. The scared，the regiona，land the digital. The Geographical Review，87（2）：193-218.

Stefan W. 1999. The geography behind the internet cloud-peering，transit and access issues. Netcom，13（3）：235-252.

Sundbo J. 1998. The Organization of Innovation in Services. Aldershot：Edward Elgar：90-98.

Taylor P J，Catalano G，Walker D R F. 2002. Measurement of the world city network. Urban Study，39（13）：2367-2376.

Tickell A. 1999. The geographies of services：new wine in old bottles. Progress in Human Geography，23（4）：633-639.

Tomlinson M. 1997. The contribution of services to manufacturing industry：beyond the deindustrialization debate. CRIC Discussion Paper：19-30.

Townsend A. 2001. The Internet and the rise of the new networked city：1969-1999. Environment and Planning B，28：39-58.

Tranos E，Gillespie A. 2009. The spatial distribution of Internet backbone networks in Europe：a metropolitan knowledge economy perspective. European Urban and Regional Studies，16（4）：423-437.

Walcott S，Wheeler J. 2001. Atlanta in the telecommunications age：the fiber-optic information network. Urban Geography，22（4）：316-339.

Wen M. 2004. Relocation and agglomeration of Chinese industry. Journal of Development Economics，73：329-347.

Wheeler D C，O'Kelly M E. 1999. Network topology and city accessibility of the commercial Internet. Professional Geographer，51（3）：327-339.

Wheeler J，Mitchelaon R L. 1989. Information flow among major metropolitan areas in the

United States. Annals of the Association of American Geographers，79（4）：523-543.

Wu F. 1999. Intrametropolitan FDI firm location in Guangzhou，China：a poisson and negative binomial analysis. Annals of Regional Science，33（4）：535-555.

Wu J，Wu G D，Zhou Q，et al. 2014a. Spatial variation of regional sustainable development and its relationship to the allocation of science and technology resources. Sustainability，6：6400-6417.

Wu J，Wu G D，Li M. 2014b. Correlation between coordination cost and spational distribution of enterprises. Computer Modelling & New Technolgy，18：1237-1242.

Wu J，Wu G D，Zhang J Y，et al. 2014c. Research on the influence factors of China's spatial welfare. Pakistan Journal of Statistics，30（5）：703-714.

Zook M A. 1998. The web of consumption：the spatial organization of the Internet industry in the United States. Pasadena：The Association of Collegiate Schools of Planning 1998 Conference：23-24.

Zook M A. 2000. The web of production：the economic geography of commercial Internet content production in the United States. Environment and Planning A，32：411-426.

Zook M A. 2001. Old hierarchies or new networks of centrality：the global geography of the Internet content market. American Behavioral Scientist，44（10）：1679-1696.

Zook M A. 2005. The Geography of the Internet Industry. Oxford：Blackwell：20-25.

Zook M A，Brunn M S. 2006. From podes to antipodes：new dimensions in mapping global airline geographies. Annals of the Association of America Geographers，6：471-490.

Zook M A，Devriendt L，Dodge M. 2011. Cyberspatial proximity metrics：re-conceptualizing distance in the global urban system. Journal of Urban Technology，18（1）：93-114.

Zook M A，Graham M. 2007a. The creative reconstruction of the Internet：Google and the privatization of cyberspace and digiplace. Geoforum，38：1322-1343.

Zook M A，Graham M. 2007b. Mapping DigiPlace：geocoded Internet data and the representation of place. Environment and Planning B：Planning and Design，34（3）：466-482.

附　　录

附录 A　《2010 上海市基准地价修正体系》办公用地价格

上海市办公用地共分为 10 级，外环以内以 1～6 级为主，外环以外以 7～10 级为主。

总体上以人民广场为中心，越接近市中心级别越高，越远离市中心级别越低。位于外环以外崇明外的北部区域土地级别高于南部区域。局部规划重点发展的区域呈岛状分布，土地级别高于周边区域，如外环以内的大宁、长风、张江、五角场、金桥等区域，外环以外的各郊县中心城镇等区域。具体定级范围说明如附表 1 所示。

附表 1　上海市办公用地级别

级别	范围
1 级	黄浦江以西：黄浦江—苏州河—河南中路—天津路—贵州路—牛庄路—凤阳路—石门二路—奉贤路—南阳路—铜仁路—愚园东路—愚园路—愚园支路—乌鲁木齐北路—延安西路—延安中路—威海路—成都北路—重庆中路—长乐路—襄阳北路—襄阳南路—南昌路—兴业路。淡水路—复兴中路—西藏南路—方浜西路—人民路—云南南路—九江路—河南中路—河南南路—人民路—兴东路—豆市街—白渡路—中山南路—王家码头路—外仓桥街—南仓街—陆家浜路—黄浦江 徐家汇：广元路—广元西路—乐山路—虹桥路—文定路—南丹路—南丹东路—天钥桥路—肇嘉浜路—天平路—广园路 北外滩：秦皇岛路—杨树浦路—东大名路—大明路—黄浦江—秦皇岛路 黄浦江以东：黄浦江—东昌路—浦东南路—栖霞路—南泉北路—乳山路—东方路—黄浦江
2 级	黄浦江以西：苏州河—安远路—长寿路—万航渡路—苏州河—中山西路（内环）—天山路—古北路—伊犁路—延安西路—中山西路（内环）—虹桥路—恭城路—广元西路—广元路—天平路—肇嘉浜路—徐家汇路—陆家浜路—黄浦江—苏州河所围范围内 1 级以外的其他地区 北外滩：东长治路—长治路—大名路—东大名路—公平路—东长治路 黄浦江以东：黄浦江—浦东南路—东昌路—黄浦江—塘桥新路—浦建路—东方路—浦电路—民生路—黄浦江
3 级	黄浦江以西：内环线内至杨浦，1～2 级以外的其他区域 杨浦滨江：杨树浦路—秦皇岛路—黄浦江—宁国路（内环）—杨树浦路 五角场：政立路—国定路—国定东路—国和路—政立路 黄浦江以东：黄浦江—民生路—浦东大道—罗山路（内环）—黄浦江。浦电路—东方路—浦建路—锦绣路—民生路—浦电路。塘桥新路—黄浦江—龙阳路（内环）—湖东南路—塘桥新路
4 级	黄浦江以西：殷高路—淞沪路西侧规划道路（江湾—五角场城市副中心西边界）—三门路—国定路—政立路—逸仙路高架—汶水东路—水电路—广中路—广中西路—志丹路—光新路—真如港—岚皋路—石泉路—中宁路—武宁路—桃浦—虬江—杨柳青路—枣阳路—金沙江路—真

续表

级别	范围
4级	北路（中环）—苏州路—芙蓉江路—天山路—水城路—水城南路—延安西路（延安路高架）—虹许路（中环）—古羊路—宋园路—桂林路—钦州南路—钦州路—龙华港—黄浦江—宁国路（内环）—黄兴路（内环）—国定东路—国和路—政立路—国京路—殷高路，所围范围内1～3级以外的其他区域 黄浦江以东：内环1～3级以外的其他区域。世博会场址规划区 碧云张江：杨高中路—罗山路（内环）—高科中路—张江路—金桥路—杨高中路
5级	中环内1～4级以外的其他区域 黄浦江以西： 新泾：天山西路—环西—大道（外环）—延安西路—北虹路（中环）—天山西路 虹桥商务区：北翟路—华翔路—沪青平公路—环西大道（外环）—北翟路 大柏树：场中路—广粤路—汶水东路—逸仙路—场中路 新江湾城：军工路—杨浦区西部行政边界（逸仙路）—政立路—淞沪路—闸殷路—军工路 黄浦江以东： 外高桥保税区：海高公路—杨高北路—五洲大道—高川河—海高公路 金桥出口加工区：金海路—杨高中路—金桥路（中环）—川桥路—唐陆公路—东陆公路—金海路 张江集成电路产业区：龙东大道—张江路（中环）—高科中路—环东二大道（外环）—龙东大道
6级	外环内1～5级以外的其他区域 黄浦江以西： 普陀区、长宁区、徐汇区1～4级以外的其他区域 宝山区：友谊路街道、吴淞街道规划建设区 闵行区：虹桥交通枢纽（北翟路—华翔路—沪青平高速公路—环西大道（外环）—北翟路。莘庄（沪杭高速公路—中春路—沪杭铁路—A4—沪杭高速公路）
7级	闵行区：华漕镇、七宝镇、莘庄镇、梅陇镇规划建设区内6级以外的其他区域；颛桥镇、吴泾镇、江川路街道规划建设区；浦江镇规划建设区内沈杜公路以北的区域 宝山区：杨行镇、顾村镇、大场镇规划建设区内除6级以外的区域 嘉定区：南翔镇规划建设区；真心新村街道、江桥镇规划建设区内6级以外的其他区域 青浦区：徐泾镇规划建设区 松江区：九亭镇、新桥镇规划建设区 浦东新区：高桥镇、高东镇规划建设区内6级以外的其他区域；A30以西1～6级以外的其他区域 浦东新区（原南汇区）：康桥镇规划建设区内6级以外的其他区域；周浦镇规划建设区
8级	闵行区：1～7级以外的其他区域 宝山区：月浦镇规划建设区 嘉定区：新成路街道、菊园新区、嘉定镇街道，马陆镇、安亭镇、嘉定工业区规划建设区 青浦区：夏阳街道、盈浦街道、香花桥街道规划建设区 松江区：岳阳街道、永丰街道、方松街道、中山街道、泗泾镇、洞泾镇、车墩镇、佘山镇、小昆山镇规划建设区 金山区：朱泾镇建成区（健康路—亭枫公路—仙业路—临源街）、金山新城建成区（龙翔路—东平北路—东平南路—临桂路—卫零路—龙平路—卫一路—大堤路—荡浦路—海滨路—沪杭公路—亭卫南路—亭卫公路—龙翔路）、枫泾镇建成区、风景新镇区 奉贤区：南桥镇规划建设区（奉浦大道—沪杭公路—沪金高速—上海绕城高速—奉浦大道） 浦东新区（原南汇区）：惠南镇规划建设区、临港新城中心区及洋山保税港
9级	上海市（不含金山区、崇明县）1～8级以外的其他区域 金山区：金山新城中心城区未建成区、亭林老镇区、亭林大型居住社区、张堰镇建成区 崇明县：城桥镇规划建设区
10级	上海市1～9级以外的其他区域

附录B　《2010上海市综合客运交通枢纽布局规划》综合客运交通枢纽分类

从广义上讲，客运交通枢纽是不同交通方式或相同交通方式在不同方向（线路）之间进行换乘的公交场所。根据枢纽承担的交通功能和其规模大小，分为A、B、C、D四种类型，共145个，如附表2所示。

A类：以大型对外交通设施为主题的综合客运交通换乘枢纽。即以航空、铁路等大型对外交通设施为主体，配套设施轨道交通车站、公交枢纽站。社会停车场库、出租汽车营业站等市内交通设施。从而形成的市内外综合交通换乘枢纽。

B类：以市内公共交通设施为主体的综合客运交通换乘枢纽。即以轨道交通站点和常规公交为主体。配合其他交通设施的枢纽站（包括出租汽车营业站、社会机非车辆停车场库和长途客运站等。）该类枢纽还可以细分为以下两种：第一类，以三线及三线以上轨道交通换乘站为主体的大型B1类枢纽；第二类，除第一类外以轨道交通站点为主题的中型B2类枢纽。

C类：以轨道交通和机动车换乘为主题的P+R停车换乘枢纽。主要布局在城市外围，选择同时靠近主要公路和轨道交通站点的场所，建设的大中型社会停车场赋予便捷的换乘条件和优惠的停车收费条件。大道适当截流进城个体机动车目的，成为P+R停车换乘枢纽。该类枢纽具有较方便的换乘和停车收费优惠条件。能到达截流目的。具体包括轨道交通、社会停车场库等对内交通设施。

D类：以单纯常规交通换乘站点为主题的枢纽。

附表2　上海市交通枢纽类型

等级	数量	名称
A	5	虹桥综合交通枢纽，铁路上海站，铁路上海南站，浦东国际机场，铁路浦东客站
B1	15	虹口足球场，曹杨路，汉中路，静安寺，石门一路，人民广场，世纪大道，花木，陕西南路，徐家汇，龙漕路，世博园区枢纽，济阳路，漕溪路上海体育场枢纽，上海西站
B2	73	内环内B2类客运交通枢纽19个：陆家嘴枢纽（CBD地区），8号线普安路枢纽，2号线科技馆站枢纽，中潭路—中山北路枢纽，中山公园枢纽，北外滩枢纽，4号线秦皇岛路枢纽，宜山路—凯旋路枢纽，9号线商城路站枢纽，10号线淮海西路枢纽，4号线瑞虹新城枢纽，4号线长阳路枢纽，铁路客技站枢纽，8号线曲阜路枢纽，8号线中华新路枢纽，4号线浦东大道枢纽，3号线金沙江路站枢纽，4号线浦东南路站枢纽，曹家渡枢纽

续表

等级	数量	名称
B2	73	内外环间B2客运交通枢纽32个：五角场枢纽，三门路枢纽，巨峰路枢纽，中环北新泾枢纽，中环沪太路枢纽，中环共和新路枢纽，15号线金沙江路枢纽，中环广纪路枢纽，2号线淞虹路枢纽，6号线保税区枢纽，7号线场中路枢纽，10号线动物园枢纽，10号线新江湾城枢纽，12号线南浦站枢纽，14号线罗山路枢纽，3号线长江南路枢纽，3号线江湾镇枢纽，1号线长江西路枢纽，桃浦站枢纽，7号线耀华支路枢纽，13号线金沙江路枢纽，4号线西藏南路枢纽，2号线张江枢纽，7号线新国际博览中心枢纽，6号线港城路枢纽，11号线浦三路站枢纽，13号线长清路站枢纽，中环宜山路枢纽，6号线上南路枢纽，7号线沪南路站枢纽，9号线民生路站枢纽，6号线金桥路站 外环外B2类客运交通枢纽22个：1号线上海化学工业区枢纽，1号线宝山城市工业园区，2号线方家窨，2号线须经枢纽，2号线华漕枢纽，2号线川沙镇枢纽，3号线水产路枢纽，5号线北桥枢纽，8号线浦江镇陈行枢纽，7号线顾村枢纽，9号线泗泾枢纽，9号线佘山一站枢纽，9号线佘山二站枢纽，11号线南翔枢纽，11号线航头枢纽，11号线新场枢纽，11号线惠南枢纽，11号线嘉定新城站枢纽，11号线临港新城2站枢纽，紫竹园区枢纽，方家窑站枢纽，机场镇枢纽
C	37	9号线城桥，9号线陈家桥，9号线长兴岛，1号线罗泾镇，1号线富锦路，1号线泰和路，3号线江杨北路，7号线罗店，7号线锦秋路，11号线嘉定城北，11号线国际赛车场，11号线安亭站枢纽，14号线江桥枢纽，9号线松江铁路站，9号线松江客运中心，9号线九亭，17号线外环路，1号线莘庄，5号线天星路，8号线芦恒路，8号线航天公园站枢纽，9号线外环路，10号线外环路，15号线外环路（老沪闵路），2号线唐镇，12号线曹路，9号线东清路，外环路—上南路，青浦磁悬浮青浦新城，青浦磁悬浮朱家角，11号线康桥，18号线周浦，1号线金山卫，9号线枫泾（亭枫公路/A8），9号线朱泾（亭枫公路/A8），5号线奉贤南桥，11号线临港产业园区
D	15	西区汽车站，卢浦大桥枢纽，共和新路枢纽，南浦大桥枢纽，中环军工路枢纽，南外滩十六铺枢纽，东昌路枢纽，宁国路—杨树浦路枢纽，吴淞客运中心，铁山路—友谊路枢纽，车城汽车站，崇明南门汽车站，海湾大学成（奉贤），川沙镇车站，合庆枢纽

附录C　东方社区信息苑名录

附表3　上海东方社区信息苑分区域分布情况

区域	信息苑名称	区域	信息苑名称	区域	信息苑名称
宝山区	☆高境苑	宝山区	☆罗泾苑	宝山区	呼兰苑
	☆共富苑		☆罗店苑		通新苑
	☆淞南苑		☆月浦苑		长江苑
	☆杨鑫苑		☆庙行苑		泗塘苑
	☆菊泉苑		☆诗乡苑		通一苑
	☆通河苑		☆杨行苑		团结苑
	☆华欣苑		天馨苑		沈巷苑
	☆牡丹江苑		昌鑫苑		青岗苑
	☆友谊苑		共江苑	长宁区	☆新华苑

续表

区域	信息苑名称
长宁区	☆周桥苑
	☆虹桥苑
	☆华阳苑
	☆天山苑
	☆江苏苑
	☆法华镇苑
	☆新泾苑
	☆仙霞苑
	☆北新泾苑
	☆程家桥苑
	虹康苑
崇明县	☆建设苑
	☆新河苑
	☆横沙苑
	☆港西苑
	☆绿华苑
	☆东坪苑
	☆堡镇苑
	☆竖新苑
	☆城桥苑
	☆新村苑
	☆新海苑
	新港苑
奉贤区	☆四团苑
	☆奉城苑
	☆西渡苑
	☆青村苑
	☆金汇苑
	☆庄行苑
	☆海湾苑
	☆南桥苑
	金水苑
虹口区	☆江湾镇苑
	☆凉城苑
	☆曲阳苑
虹口区	☆川北苑
	☆天宝苑
	☆嘉兴苑
	☆提篮桥苑
	☆广中苑
	☆欧阳苑
黄浦区	☆外滩苑
	☆小东门苑
	☆人民广场苑
	☆半淞园苑
	龙泉苑
嘉定区	☆真新苑
	☆南翔苑
	☆嘉定镇苑
	☆马陆苑
	☆菊园苑
	☆新成苑
	☆黄渡苑
	☆外冈苑
	☆徐行苑
	☆江桥苑
	☆华亭苑
	☆安亭苑
	新丰苑
	铜川苑
	虬江苑
	祁连苑
	金汤苑
	金沙苑
	丰一苑
	栅桥苑
	新郁苑
	丽景苑
	嘉梅苑
金山区	嘉桃苑
金山区	嘉中苑
	☆廊下苑
	☆亭林苑
	☆朱泾苑
	☆新农苑
	☆石化苑
	☆山阳苑
	☆朱行苑
	☆漕泾苑
	☆金山卫苑
	☆吕巷苑
	万春苑
静安区	西林苑
	金海岸苑
	☆江宁苑
卢湾区	☆静安寺苑
	☆石二苑
	☆打浦苑
	☆瑞金苑
闵行区	☆五里桥苑
	☆马当苑
	☆莘庄苑
	☆龙柏苑
	☆古美苑
	☆七宝苑
	☆九星苑
	☆虹桥镇苑
	☆华漕苑
	☆江川苑
	☆马桥苑
	☆吴泾苑
	莘纪苑
	新梅莘苑
	水清苑
	虹莘苑

续表

区域	信息苑名称
闵行区	绿梅苑
	四季苑
	老宅角苑
	银都苑
	沁春苑
	航北苑
	航新苑
	航南苑
	古龙苑
	万源苑
	平阳苑
	振宏苑
	红春苑
	井亭苑
	红旗苑
	电一苑
	沧三苑
浦东新区	金铭苑
	友好苑
	☆沪东苑
	☆浦兴苑
	☆高东苑
	☆高行苑
	☆曹路苑
	☆环东苑
	☆张江苑
	☆唐镇苑
	☆周浦苑
	☆康桥苑
	☆梅园苑
	☆金杨苑
	☆花木苑
	☆潍坊苑
	☆上钢苑
	☆爱博苑
浦东新区	☆三林苑
	☆周家渡苑
	☆航头苑
	☆大团苑
	☆惠南苑
	☆祝桥苑
	☆书院苑
	☆南码头苑
	☆泥城苑
	☆芦潮港苑
	☆老港苑
	☆塘桥苑
	☆新场苑
	金桥湾苑
	华高苑
	杨园苑
	劳动苑
	川南苑
	火箭苑
	老街苑
	汤巷苑
	巨东苑
	崮洋苑
	凌一苑
	灵山苑
	崮山苑
	联洋苑
	培花苑
	济中苑
	昌里苑
	新世纪苑
	上南苑
	成山苑
	云台苑
	昌里东苑
浦东新区	航梅苑
	三墩苑
	☆长寿苑
	☆新会苑
普陀区	☆宜川苑
	☆长风苑
	☆长征苑
	☆曹杨苑
	☆真如苑
	☆桃浦苑
	☆石泉苑
	安全苑
	知音苑
	甘泉苑
	中潭苑
	☆赵巷苑
	☆夏阳苑
青浦区	☆华新苑
	☆重固苑
	☆朱家角镇苑
	☆徐泾苑
	朱家角苑
	☆岳阳苑
	☆方松苑
松江区	☆小昆山苑
	☆佘山苑
	☆中山苑
	☆永丰苑
	☆泗泾苑
	☆车墩苑
	玉乐苑
	金家苑
	☆龙华苑
	☆枫林苑
徐汇区	☆徐家汇苑

续表

区域	信息苑名称	区域	信息苑名称	区域	信息苑名称
徐汇区	☆大木桥苑	徐汇区	☆数字生活体验馆	杨浦区	☆控江苑
	☆斜土苑		上音苑		☆长白苑
	☆湖南苑		☆五角场苑		☆定海苑
	☆康健苑		☆殷行苑		☆临汾苑
	☆长桥苑	杨浦区	☆江浦苑		☆北站苑
	☆田林苑		☆大桥苑	闸北区	☆宝山苑
	☆漕河泾苑		☆五角场镇苑		☆彭浦苑
	☆凌云苑		☆四平苑		☆共和苑
	☆华泾苑		☆平凉苑		☆彭浦镇苑
	☆天平苑		☆延吉苑		

注：☆为中心信息，苑面积 200 平方米以上，配备 50 台以上电脑终端，形成三个服务区域，即上网区域、电子教育区域和多功能的会务和影视观摩区域。其余为小区级的信息苑面积为 120 平方米以上，电脑终端 30 台以上，密集覆盖于各街道镇的居民新村内

附录 D　上海市开发区名录

附表 4　上海市开发区

	开发区名称	区块名称	邮编
国家级工业区	外高桥保税区		200137
	金桥出口加工区		201206
	张江高科技园区		201203
	漕河泾新兴技术开发区		200235
	闵行经济技术开发区		200245
市级工业区	上海市北工业园区		201707
	上海未来岛高新技术产业园区		201803
	上海新杨工业园区		200331
	上海宝山工业园区	宝山城市工业园区	200444
		宝山工业园区	200444
		罗店工业园区	201908
		徐行工业园区	201808
	上海月杨工业园区	月浦工业园区	201901
		宝山杨行工业园区	201901

续表

	开发区名称	区块名称	邮编
		宝山顾村工业园区	201906
	上海崇明工业园区		202150
	上海富盛经济开发区		202178
	上海浦东合庆工业园区		201201
	上海浦东空港工业园区	浦东新区机场经济园区	201207
		浦东新区川沙经济园区	201202
		祝桥空港工业区	201323
		老港化工工业区	201302
	上海嘉定工业园区	嘉定工业区	201821
		嘉定工业区马陆园区	201801
		外冈工业园区	201806
	上海嘉定汽车产业园区	南翔工业园区	200444
		黄渡工业园区	201804
		国际汽车城零部件配套园区	201805
	上海莘庄工业园区	莘庄工业区	201108
		向阳工业区	201619
	上海紫竹高新技术产业园区		200241
市级工业区	上海青浦工业园区		201707
	上海西郊经济开发区	华新镇工业开发区	201708
		徐泾镇工业开发区	201702
		闵北工业区	201107
	上海松江工业园区	松江工业区	201613
		松江工业区石湖荡分区	201617
		练塘镇工业开发区	201715
	上海松江经济开发区	泗泾高科技开发区	201601
		九亭高科技工业园区	201615
		松江工业区洞泾分区	201619
	上海浦东康桥工业园区		201210
	上海南汇工业园区		201300
	上海星火工业园区		201419
	上海奉贤经济开发区	工业综合开发区	201400
		奉贤现代农业园地	201400
	上海奉城工业园区		201411
	上海金山工业园区	金山工业区	201506
		金山第二工业区	201512
		张堰工业区	201514

续表

开发区名称	区块名称	邮编
其他工业集中区	上海枫泾工业园区	201501
	上海朱泾工业园区	201500
	上海化学工业园区	201424
	青港经济园区	201414
	化学工业区奉贤分区	201424
	化学工业区金山分区	201507
	新场工业园区	201314
	大麦湾工业区	201317
	长征工业园区	200333
	白鹤镇工业开发区	201709
	朱家角工业开发区	201713
	松江工业区佘山分区	201602
	闵东工业区	201114

附录 E　上海市高校名录

附表 5　上海市高校

高校	高校
复旦大学及分校	上海师范大学天华学院
上海交通大学及分校	同济大学及分校
东华大学及分校	华东理工大学
上海大学及分校	上海海事大学
华东政法大学及分校	上海应用技术学院
上海政法学院	上海新侨职业技术学院
上海电力学院	上海出版印刷高等专科学校
上海对外贸易学院	上海城市管理职业技术学院
上海立信会计学院	上海交通职业技术学院
复旦大学上海视觉艺术学院	上海海事职业技术学院
上海理工大学及分校	上海电子信息职业技术学院
上海工程技术大学	上海欧华职业技术学院
上海第二工业大学	上海建峰职业技术学院
上海电机学院	上海中华职业技术学院
上海医药高等专科学校	上海兴韦信息技术职业学院
上海医疗器械高等专科学校	上海公安高等专科学校
上海济光职业技术学院	华东师范大学及分校

续表

高校	高校
上海科学技术职业学院	上海师范大学及分校
上海旅游高等专科学校	上海中医药大学
上海东海职业技术学院	上海交通大学医学院
上海财经大学	上海海洋大学
上海海关学院	上海农林职业技术学院
上海金融学院	中国人民解放军第二军医大学
上海杉达学院	上海体育学院
上海商学院	上海体育职业学院
上海行健职业学院	上海中医药大学中药学院
上海震旦职业学院	上海大学悉尼工商学院
上海民远职业技术学院	立信会计学院 AIA 国际本科
上海思博职业技术学院	上海应用技术学院泰尔弗学院
上海立达职业技术学院	同济大学澳洲高等技术学院
上海建桥学院	上海欧文经济学院
上海邦德职业技术学院	上海财经大学国际教育学院
上海中侨职业技术学院	东华大学莱佛士国际设计学院
上海外国语大学贤达经济人文学院	上海理工大学中英国际学院
上海外国语大学及分校	锦江国际理诺士酒店管理学院
上海工商外国语职业学院	美国凯撒大学国际本科留学项目
上海工会管理职业学院	华东师范大学 BTEC HND 中心
上海音乐学院	上外贤达开普兰国际教育中心
上海戏剧学院及分校	上海健康职业技术学院
上海工艺美术职业学院	华东师范大学中澳班
上海电影艺术职业学院	

附录F　中国互联网拓扑结构

中国科技网始建于1989年，并于1994年4月首次实现了我国与国际互联网络的直接连接，同时在国内开始管理和运行中国顶级域名.cn。中国科技网是在中关村地区教育与科研示范网和中国科学院计算机网络的基础上建设和发展起来的覆盖全国范围的大型计算机网络，是我国最早建设并获国家承认的具有国际信道出口的中国四大互联网络之一。中国科技网现有包括10兆速率在内的多条国际信道连到美国及日本，进入国际互联网络。中国科技网的超级计算中心拥有数台超级计算机，总计算能力在浮点运算每秒1200亿次以上，可以通过网络向全国科技和教育人员提供高性能科学计算服务。

中国电信数据通信网自 1994 年成立以来，迅速建成并开通了多个覆盖全国、先进高效的公用数据通信网络平台，为社会提供完整、先进、统一的公用数据通信网络平台及功能丰富的各种数据通信服务，建成了高速宽带的 IP 网（CHINANET），到 2000 年年底，CHINANET 国内总带宽已达到 800 吉字节，国际出口总带宽突破 2 吉字节，还建成了多种资源平台和应用平台，可以向社会提供电子商务、数据中心、远程医疗、远程教育等高层次的业务。CHINANET 网络拓扑采用分层结构。按其功能的不同，CHINANET 划分为三层；核心层、区域层和接入层。其中，核心层和区域层构成 CHINANET 骨干网，各省网作为接入层。核心层由北京、上海、广州、沈阳、南京，武汉、成都、西安等八个大区中心节点设备构成。区域层包括八个区域网，每个区域网是由每个大区中心的区域节点与其所辖的省会城市内区域节点相互连接构成。接入层指各省内节点设备组成的网络，主要负责提供用户接入端口和用户接入管理。各省网通过本省省会城市接入节点与区域网相连后进入 CHINANET 骨干网。

中国教育和科研计算机网 CERNET 主要面向教育和科研单位，是全国最大的公益性互联网络。CERNET 分四级管理，分别是全国网络中心、地区网络中心和地区主节点、省教育科研网、校园网。CERNET 全国网络中心设在清华大学，负责全国主干网的运行管理。地区网络中心和地区主节点分别设在清华大学、北京大学、北京邮电大学、上海交通大学、西安交通大学、华中科技大学、华南理工大学、电子科技大学、东南大学、东北大学等 10 所高校，负责地区网的运行管理和规划建设。CERNET 省级结点设在 36 个城市的 38 所大学，分布于全国除台湾省外的所有省（直辖市、自治区）。到 2000 年 12 月，CERNET 主干网的传输速率已达到每秒 2.5 吉字节。CERNET 已经有 12 条国际和地区性信道，与美国、加拿大、英国、德国、日本和中国香港联网，总带宽在每秒 100 兆字节以上。CERNET 地区网的传输速率达到每秒 155 兆字节，已经通达中国内地的 150 个城市，联网的大学、中小学等教育和科研单位超过 800 个，联网主机 100 万台，网络用户达到 500 万人。

中国金桥网（CHINAGBN）是以卫星综合数字网为基础，以光纤、微波、无线移动等方式，形成空地一体的网络结构，是一个连接国务院、各部委专用网，与各省份、大中型企业及国家重点工程联结的国家公用经济信息通信网，可传输数据、话音、图像等，以电子邮件、电子数据交换（electronic data interchange，EDI）为信息交换平台，为各类信息的流通提供物理通道。其骨干网、区域汇节点和接入节点通过各种形式的数据传输相连接，由北京网络控制中心统一管理控制，并由上海网络控制中心提供部分备份。在北京、上海、武汉、广州、深圳五城市之间已建设了一个全连接的异步传输模式（asynchronous transfer mode，ATM）骨干网络，传输带宽达到每秒155兆字节，近期将扩容至每秒622兆字节，其他省会城市通过租用的155兆字节的电路，在吉通机房分成45兆字节+n×2兆字节的电路。金桥网的各种业务（包括Internet接入、IP电话、ATM接入、帧中继接入等）都可以在这个ATM骨干网上得以提供。目前金桥网的卫星通信连通城市包括北京、上海、广州、武汉、济南、深圳、常州、青岛、厦门、沈阳、西安、珠海、长春、大连、重庆、哈尔滨、杭州、合肥、南京、天津、无锡、郑州、北海、海口。

中国联通公用计算机互联网（UNINET）是经国务院批准，直接进行国际联网的经营性网络，其拨号接入号码为165，面向全国公众提供互联网络服务。中国联通公用数据网在北京、上海、广州设立国际出入口，截止到2001年2月28日已开通全国144个城市的165接入服务。UNINET是架构在联通宽带ATM骨干网基础上的IP承载网络，采用分级组织网络结构，其骨干网由核心汇接层、一般汇接层和区域层三层结构组成，网络采用先进的ATM/帧中继和IP技术构成骨干网络平台。国际出口带宽100兆字节，国内主要汇接点间带宽622兆字节，省会城市间带宽155兆字节。全国七个核心汇接节点ATM交换容量为25吉字节以上，区域汇接节点ATM交换容量为5吉字节以上。

中国网络通信有限公司承担建设和运营的中国网通高速宽带互联网（CNCnet），是在我国率先应用IP/DWDM技术建设的大型高速宽带网络。CNCnet一期于2000年10月28日开通，联结我国东南部北京、天津、上海、广州等17个城市，主要提供高速、大信息量的信息传输与转接，网络总传输带宽高达每秒40吉字节。它标志着中国信息建设从窄带到宽带，同时也拉近了中国信息基础设施建设与国外的距离。

中国国际经济贸易互联网（CIETNet，简称中国经贸网）是我国唯一的面向全国经贸系统企、事业单位的专用互联网。负责组建运营CIETNet的中国国际电子商务中心（China International Electronic Commerce Center，CIECC）是中国计算机网络国际联网的互联单位。CIECC是国家级全程电子商务服务机构，是国际电子商务开发与应用的先行者，是中国十大国际互联网接入单位之一。

2000年1月，信息产业部批准中国移动成为我国计算机互联网络国际互联单位。中国移动开始组建我国又一新的公用计算机互联网——中国移动互联网。中国移动互联网覆盖全国重点城市，为客户提供“全球通”IP电话、IP地话卡、手机上网INTERNET卡等一系列新业务。在取得经验后，中国移动正式启动“中国移动互联网”骨干网一期工程建设，覆盖全国31个省会城市，全方位提供IP业务。

中国长城互联网CGWNET属公益性互联网络，已能连通全国25个城市，计划将要覆盖全国180多个城市。